JN421204

다문화 시대
사회 통합을 위한
시민 교육

다문화 시대 사회 통합을 위한 시민 교육
Copyright © 2016 Jin Seok Lee · Kyung-Hwan Mo · Jeongsoo Lim · Donghoon Lee
All rights reserved.
This Edition was published by Jipmoondang Publishing Co. in 2016, Seoul, Korea.

이 책의 저작권은 저자에게 있습니다.
이 책의 출판권은 집문당에 있습니다.
저작권법에 의하여 보호를 받는 저작물이므로 무단전재와 무단복제를 금합니다.

415
아산재단 연구총서

다문화 시대와 한국의 사회통합

다문화 시대 사회 통합을 위한 시민 교육

이진석
모경환
임정수
이동훈

집문당

이진석(李鎭錫) 부산대학교 일반사회교육과 교수, 한국다문화교육연구회 부회장
한국법교육학회 부회장
모경환(牟炯煥) 서울대학교 사회교육과 교수, 한국다문화교육학회 회장
임정수(林訂秀) 한국다문화교육학회 사무국장
이동훈(李東勳) 한국다문화교육학회 편집간사

아산재단 연구총서 415
다문화 시대와 한국의 사회통합
다문화 시대 사회 통합을 위한 시민 교육

2016년 12월 30일 1판 1쇄

저 자 | 이진석, 모경환, 임정수, 이동훈
발행인 | 임동규
발행처 | **집문당**
등 록 | 1971. 3. 23. 제300-2012-69호
영업부 | 10881 경기도 파주시 광인사길 85(파주출판도시)
(02)743-3192~3 팩스(02)742-4657
전자우편 | sale@jipmoon.co.kr
편집부 | 03134 서울시 종로구 돈화문로 82 집문당빌딩 5층
(02)743-3096~7 팩스(02)743-0227
전자우편 | edit@jipmoon.co.kr
홈페이지 | www.jipmoon.co.kr

ISBN 978-89-303-1753-5
978-89-303-1500-5(세트)

가격 13,000원

이 도서의 국립중앙도서관 출판시도서목록(CIP)은 e-CIP홈페이지(http://www.nl.go.kr/ecip)와 국가자료공동목록시스템(http://www.nl.go.kr/kolisnet)에서 이용하실 수 있습니다.
(CIP제어번호: CIP2016030088)

머리말

2016년 6월을 기준으로 국내 체류 외국인의 수가 200만 명을 돌파하였다고 한다. 이는 우리나라 총인구의 3.9%에 해당하는 수치이다. 이 중 약 74%는 90일 이상 거주하는 장기체류외국인이다. 결혼이민자, 취업외국인, 유학생이 급증하고 있는 까닭이다. 학교, 일터, 지역사회에서 피부색, 종교, 언어, 생활양식이 다른 이들과 만나고 협업하는 것이 당연한 일상이 되고 있다. 이러한 변화는 앞으로 더욱 가속화되고 널리 확산될 것이다.

이주민 유입의 증가는 우리 사회에 이전에 경험한 적 없는 차이와의 만남을 가져왔다. 우리는 오랫동안 단일 민족, 단일 문화라는 믿음 속에 살아왔다. 그러나 전 지구적 이주는 우리나라도 예외가 아니라서 다양한 인종, 언어, 종교, 문화를 배경으로 하는 이들과의 조우가 엄연한 현실이 된 것이다.

이러한 변화가 우리 사회에 제기하는 과제가 본격적으로 가시화된 것은 1980년대부터라 할 수 있다. 외국인 근로자가 급증하면서 이들을 대상으로 하는 임금 차별, 산업 재해, 불법고용, 임금 체납 등의 문제를 해결하려는 노력이 시민사회를 중심으로 전개되기 시작하였다. 그러나 당시만 하더라도 외국인 근로자는 한시적 거주민으로 전제하였으며 노동 관련 권익을 보장하려는 데 초점이 맞추어져 있었다. 시간이 지나면서 외국인 근로자 중에서도 본국의 가족을 한국에 데려와 가정을 꾸리는 이들이 늘어나는 한편 국제결혼가정이 크게 증가하였다. 국내에 장기 거주하면서 노동, 교육, 자녀 양육과 같은 일상의 삶을 꾸려가는 이들이 크게 늘어난 것이다. 그리하여 21세기 초입부터는 일터뿐만이 아니라 학교, 가정, 지역사회 등에서 이주민과의 조화로운 공존을 모색하기 위한 노력들이 전개되기 시작하였다.

그간 다양성의 증가에 대응하는 교육적 노력은 주로 이주민의 한국사회 이해와 적응을 도모하는 데 초점이 맞추어져 왔다. 한국어 습득을 주축으로 하여 한국의 역사와 문화, 법과 제도를 익힘으로써 이주민들이 한국사회에 원활하게 안착할 수 있도록 돕는 것이 주요 목표였다. 그러나 변화에 적응해야 하는 것은 비단 이주민들만의 문제가 아니다. 일반 시민 역시 이전과는 다른 이웃과 더불어 일하고, 교육을 받으며, 자녀를 양육하고, 정치에 참여해야 하는 새로운 삶의 조건에 처하게 된 것이다. 민주적 사회에서 이는 이질성에도 불구하고 서로 동등하게 자유롭고 평등한 시민으로서 인정하고 존중해야 함을 의미한다. 따라서 다문화 시대의 교육은 이주민과 문화적 소수자만을 대상으로 한 것이 아니라 모두를 대상으로 한 것이어야 한다. 또한 소수자의 적응 교육과 보수 교육에 국한되지 않고 모든 구성원의 반차별, 반편견, 관용과 상호존중, 인권의식의 함양을 통하여 공존과 통합을 도모하는 것이어야 한다.

시민교육은 보통교육으로서 모든 시민들에게 민주적 공존에 필요한 지식과 기능을 길러주고 신념을 함양하는 것을 목표로 한다. 이 책은 역사적 전례가 없는 다양성이라는 도전에 대응하여 조화롭고 질서 있는 시민사회의 형성에 기여하는 시민교육 모델을 제안하고 있다. 이를 위해 다양성의 심화가 가져온 위기적 측면을 고찰하였으며, 현재 이루어지고 있는 법제도적 · 교육적 노력의 현황과 성과 및 한계를 살펴보았다. 다른 나라의 사례를 통해 시사점을 도출하는 한편 시민 사회의 교육적 수요를 분석하기 위한 설문조사를 실시하였다. 따라서 본 책에서 제안하는 교육 모델은 그간 다문화 시대의 공존의 원리를 탐색해 온 이론가들의 고민과 그것을 실현하기 위한 실천에 매진해 온 현장전문가들의 노고가 있었기에 가능했다.

우리 사회에는 현재와 같은 문화적 다양성 속에서 민주적 공존을 이루었던 역사적 경험이 부재한다. 시민교육에 그 어느 때보다 창의적이고 폭넓은 시야와 더불어 생산적인 실천 의지가 요구된다. 이 책이 다문화 시대의 조화로운 민주적 사회를 위해 노력하는 이들에게 작은 도움이 되었으면 한다.

차례

III. 다문화 시민성 교육의 현황 / 39

Ⅳ. 한국 사회의 다문화 시민성 실태 및 다문화 시민 교육에 대한 수요 현황 / 115

V. 통합 다문화 한국을 위한 시민 교육의 원리와 방향 / 149

표/그림 차례

Ⅰ. 서 론

I. 서 론

1. 연구의 필요성과 목적

국가 내 · 국가 간에 이루어지는 이주는 전 지구적인 현상이다. 국경과 문화권을 넘나드는 인구의 이동은 근대 국민 국가 시대 이전부터 이루어져 왔다. 그러나 다양한 인종, 문화, 민족, 종교, 언어 집단의 국가 내 · 국가 간 이동이 이만큼 빈번하고 급격하게 이루어지고, 시민성, 인권, 민주주의, 교육에 대해서 이처럼 복잡하고 어려운 문제가 제기된 것은 세계 역사상 전례가 없던 일이다.

20세기 이후에만 보더라도 2차 세계대전 이후에 과거 식민지 국가의 많은 사람들이 경제적 지위 향상을 희망하며 서유럽의 국가들로 이주하였다. 또한 유럽은 전후 재건을 위하여 상당 기간 동안 아프리카 및 아시아 등지의 이주민들에게 개방적인 태도를 취하였다. 20세기 말경부터는 보다 나은 경제적 기회를 희망하는 아시아 등지의 이주민들이 호주, 일본, 한국으로 유입되는 추세가 눈에 띄게 증가하였다. 2008년에 이미 지구상 인구는 80억을 넘어섰으며, 이 중 약 2억 명이 자기가 태어난 나라가 아닌 다른 나라에 살고 있는 것으로 집계되었다. 이는 지구 인구의 3%에 해당하는 수치이다(De Blij, 2008).

무엇보다 국민 국가 내부의 다양성이 증가하고 있다. 제도적 민주정치의 안착, 인권 · 시민권 개념의 확산, 이주의 증가 등으로 1960-70년에는 국가 내의 민족 집단이나 이민자 집단이 국가의 시민 문화에 제도적으로 참여할 수 있는 권리와 더불어 고유의 문화와 언어를 유지하고 나아가 존중받을 수 있는 동등한 권리를 주장하였다. 인종이 중심이 되던 집단 정체성의 문제는 언어, 종교에서 나아가 성적 지향, 세대(generation), 장애 여부, 거주지 등으로 다양해지고 있다. 다양한 집단의 요구를 법적 · 제도적으로 얼마만큼 수용하고 적용할 것인가가 국가의 중요한 고민거리가 되었고, 문화적으로 이질적인 구성원끼리 관용과 상호인정을 기반으로 공존의 정치공동체를 꾸려나가는 것이 과제가 되고 있다.

그러나 현재까지의 노력은 그리 성공적이지 못하다. 일찍이 다문화 사회로 진입하였던 서구 사회의 경우 종교적 근본주의와 인종 간 갈등으로 인한 소요사태, 폭력 및 테러 등에 대처하기 위해 여러 가지 대책을 계획하여 실행해 왔으나, 최근 연이어 발생하고 있는 일련의 사태들은 이러한 노력이 실패하였음을 보여주고 있다.

한국 사회 역시 이 같은 문제를 공유하고 있다. 한국은 OECD 국가 중 이주민의 숫자가 가장 빠르게 증가하고 있는 국가이다. 안전행정부가 발표한 '2014년 지방자치단체 외국인주민 현황'에 따르면 2014년 1월 기준으로 우리나라에 거주하는 외국인주민은 2013년보다 12만 3,839명 늘어난 총 156만 9,740명인 것으로 조사되었다. 이는 인구 100명당 약 3명에 달하는 수치이다. 외국인주민을 유형별로 살펴보면 한국국적을 갖지 않은 사람이 121만 9,188명(77.7%), 한국국적을 갖고 있는 사람은 14만 6,078명(9.3%), 외국인주민 자녀는 20만 4,204명(13%)으로 나타났다. 한국국적을 갖지 않은 사람 중 외국인근로자는 53만 8,587명으로 전체 외국

그림 1 인구대비 체류 외국인 증가 추세

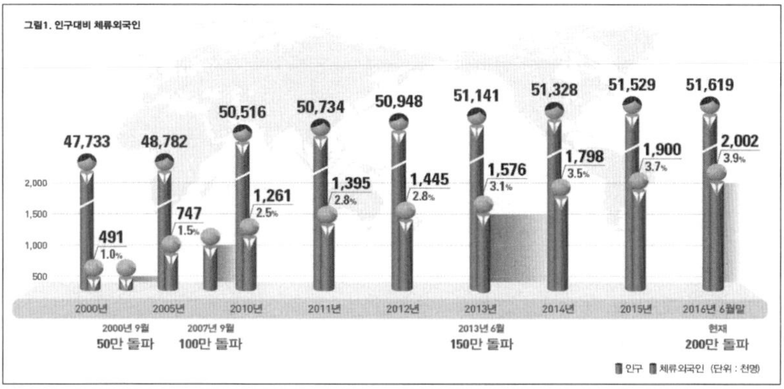

인주민의 34.3%를 차지했으며 결혼이민자는 14만 9,764명(9.5%), 유학생은 8만 570명(5.1%), 외국국적 동포는 23만 3,265명(14.9%) 등으로 조사됐다. 한국국적을 갖고 있는 사람은 혼인귀화자가 9만 439명(5.8%), 기타사유 귀화자가 5만 5,639명(3.5%)으로 집계되었다.

법무부에 따르면 2016년 6월 우리나라에 체류하는 외국인의 수가 최초로 200만 명을 돌파하였다. 비율로 보자면 우리나라 전체 인구의 3.9%에 해당한다. 2011년 이후 체류외국인의 수는 연평균 8%씩 증가해 왔다. 이러한 증가세를 견인한 것은 91일 이상 거주하는 장기체류외국인 수의 급증이다. 장기체류외국인의 수는 2000년 219,962명에서 2016년 6월 1,481,603명으로 증가하였다. 같은 기간 외국인체류자 중 장기체류외국인이 차지하는 비율은 44.8%에서 74.0%이다. 외국인체류자의 숫자 및 비율이 증가한 것은 중국동포의 국내유입, 취업외국인 및 결혼이민자, 유학생의 증가를 반영한다.

우리나라는 2000년대 중반부터 이주민의 유입에 따른 다문화 사회로의 진입에 대응하여 이주민의 사회 정착과 통합을 돕기 위한 다문화 가족 정책을 추진하는 한편, 다문화 가정 학생에게 평등한 교육 기회를 보장하고 일반 학생들의 다문화 인식 개선을 위한 다문화 교육 정책을 시행해 왔다. 그러나 외국인 범죄율 증가, 경제 불황의 장기화, 복지 자원을 둘러싼 경쟁 등을 배경으로 '반다문화' 담론이 형성되고 있음을 보여주는 증후가 곳곳에서 포착되고 있다.

우리는 앞으로 보다 더 다문화화 된 사회를 살아가게 될 것이다. 국경과 문화적 경계를 넘나드는 인구의 이주는 전 지구적인 현상이다. 아울러 저출산, 노령화, 노동 시장의 이중 구조화[1]라는 현 상황에서 한국 사회의 성장 동력이 유지되기 위해서는 이주 인구 유입으로 인한 출산력과 노동력의 충족이 절실하다. 따라서 불가피한 전 지구적 추세에 의해서든, 사회 내적 필요에 의해서든, 우리는 앞으로 지금보다 더 다양한 언어, 종교, 인종, 생활양식 등을 가진 사람과 보다 더 빈번하게 직장 동료로, 가족으로, 친구로, 이웃으로, 동료 시민으로 만나게 될 것이다.

그간의 다문화 교육 혹은 다문화 교육 정책은 이주민과 그 자녀를 주

---

1) '이중노동시장 이론'에 따르면 선진 자본주의 국가 경제가 내재하고 있는 노동 시장 구조의 이중성으로 인해 외국인 이주 노동자에 대한 수요가 창출된다(설동훈, 2000, pp. 24-26). 자본주의 사회에서 임금은 교환 가치만 가지는 것이 아니라 사회적 지위를 반영하는 속성을 갖는다. 따라서 사회적 지위의 측면에 있어 최하층 직종의 경우 수요에 비해 노동력 공급이 부족한 상황이 오더라도 임금이 쉽사리 오르지 않게 된다. 또한 높은 실업률 속에서도 사회적 지위에 연연하는 사람들은 하층 직종을 종사하지 않으려 한다. 따라서 상대적으로 사회적 지위의 구애를 덜 받는 외국인 노동자들로 충당된다는 것이다.

요 대상으로 하여 한국 사회 이해 및 적응을 돕는 것을 주요 목표로 해 왔다. 그러나 이주민의 유입과 이로 인한 문화적 다양성의 증가는 우리 사회 구성원 모두가 공유하는 삶의 현실이 되고 있다. 다문화 시대의 사회 통합은 국가적 과제가 되고 있으며, 이질적인 구성원과 공존하고 연대하는 것은 우리 모두에게 기대되는 책임이자 역할이라고 할 수 있다. 따라서 다문화 시대의 교육에 부여되는 또 하나의 중점 과제는 모든 시민을 대상으로 하여, 다양성과 이질성이라는 불가피한 사회적 조건 속에서 통합을 이루어낼 수 있는 구성원의 자질 즉, 시민성을 함양하는 것이다.

이 책은 이처럼 다문화 사회가 새로운 시민적 자질을 요구하고 있으며, 따라서 이전과는 다른 시민 교육이 필요하다는 것을 전제로 한다. 본 연구의 목표는 사회 통합이라는 국가 사회적 과제에 기여할 수 있는 새로운 시민 교육 모델의 구상이다.

교육적 대안의 제시는 현실에 대한 명확한 이해와 지향하고자 하는 이상적인 사회상의 설정을 전제로 한다. 따라서 세계화라는 배경 속에서 이루어지는 다문화 한국 사회의 모습을 보편성과 특수성이라는 두 차원에서 이해하고, 문화적 다양성이 사회 갈등 요인으로 갖는 성격을 분석하고, 이상적인 통합 사회의 원칙과 시민성을 도출한 후, 이에 도달하기 위한 시민교육적 실천 방안을 모색하여 제안할 것이다.

연구 목적을 달성하기 위한 연구의 전체 흐름은 그림 2와 같다.

그림 2 연구의 흐름

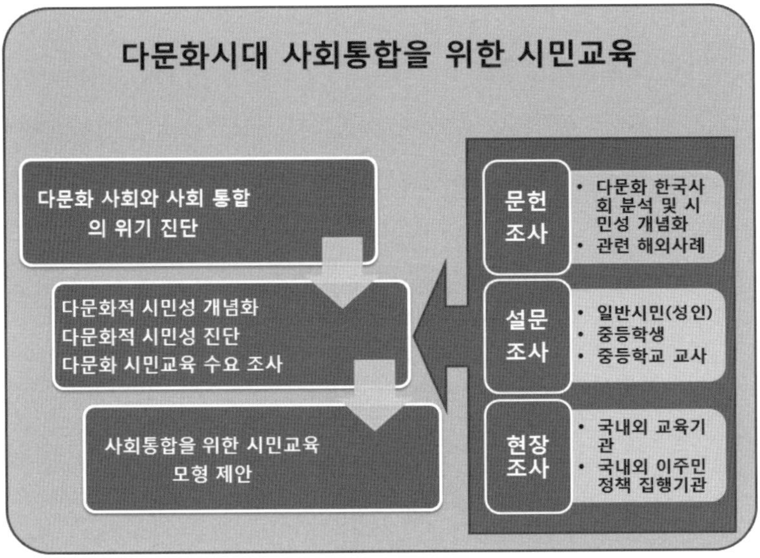

2. 연구 내용

이상의 목표를 달성하기 위하여 본문에서 연구 내용을 크게 네 가지 주제로 구체화하였다. 세부 주제 및 구체적인 내용은 다음과 같다.

① 다문화 시대의 도래와 한국 사회의 균열 구조 변화

이주민의 증가로 인한 다양성의 심화는 전 지구적 현상이다. 그러나 다양성의 증가가 사회 분열이나 갈등의 요인으로 작용하는 양상은 개별 사회의 구체적인 정치적 · 경제적 · 문화적 · 사회적 여건에 따라 다양하게 나타난다.

다문화 시대로의 진입이 한국사회에 초래하는 분열의 위기를 구체적이고 정확하게 이해하기 위해서는 분석적인 접근이 필요하다. 이를 위해서는 첫째, 계층, 성별, 지역, 세대, 직업과 같은 전통적인 사회 구획 요인과 다양성 요인이 한국 사회에 미치는 영향을 비교한다. 둘째, 우리 사회의 다문화적 경험이 서구 사회나 인근 아시아 국가의 경험과 비교하여 갖는 공통점과 차이점을 분석한다.

② 다문화 사회의 통합을 위한 시민적 자질

한국사회의 다문화적 경험의 특징과 분열 위기의 이해를 토대로 하여 사회 통합의 원리를 모색한다. 다문화 시대의 한국은 문화적 다양성을 수용하는 동시에 민주적 공동체로서의 통일성을 유지해야 하는 과제를 동시에 갖는다. 이 책에서는 이러한 통일성과 다양성의 균형을 달성하기 위해 필요한 '다문화적 시민성'을 개념화하고자 한다. 이를 위해서 문헌 연구를 실시하는 한편, 한국보다 앞서 다양성 심화에 따른 통합의 위기를 경험해 온 프랑스, 미국, 호주의 사례를 살펴볼 것이다.

③ 한국 사회의 다문화 인식 및 다문화 시민 교육에 대한 의견

타당하고 효과적인 교육적 대안은 사회의 결핍과 요구에 대한 정확한 진단에서 출발한다. 다문화 한국 사회의 통합을 위해 요구되는 바람직한 시민의 자질과 현재 실태 사이의 간극을 확인하기 위하여 정주민(일반시

민)의 다문화 인식을 조사한다. 이는 보다 구체적으로 다문화 현상의이해, 문화적 다양성의 관용과 배려 수준, 다문화적 효능감 수준 등으로 구성된다. 아울러 다문화 시민 교육의 잠재적 학습자들-아동, 청소년 및 성인-의 의견을 목표, 내용, 방법 측면에서 살펴볼 것이다.

④ 통합 다문화 사회를 위한 시민교육 모델 구상

마지막 주제는 다문화 한국 사회 이해, 사회통합을 위해 요구되는 시민적 자질, 다문화 시민 교육의 사회적 필요를 토대로 다문화 시대의 통합 한국에 기여할 수 있는 시민교육의 모형을 구체화하는 것이다. 새로운 다문화 시민 교육의 목표, 방법, 내용 요소를 제안하고자 한다.

3. 연구방법

① 문헌 연구

문헌 연구는 크게 세 가지 영역에 걸쳐 이루어진다. 첫째, 한국 사회의 다문화화 양상과 그로 인한 분열 위기에 대한 이론적 논의를 살펴본다. 둘째, 다문화적 시민성의 구성 요소 및 함양 방법의 주장들을 수집하고 비교분석하여 범주화한다. 셋째, 문화적 다양성에 대응한 사회 통합 방안의 구체적인 해외 사례를 시민교육 프로그램을 중점으로 수집하여 분석한다.

② 설문조사

교육 분야의 연구는 그 결과가 현장에 적용되는 것을 전제로 한다. 특히 본문처럼 교육적 대안 제시를 목표로 하는 연구는 현장에서 구현될 때 비로소 진정한 의의를 갖는다고 할 수 있다. 따라서 현장 적합성과 실현 가능성을 항상 염두에 두어야 한다. 이를 확보하기 위해서는 정확한 현장 이해와 교육적 수요의 실제적인 파악이 필요하다. 이를 위해 잠재적 학습자를 대상으로 다문화 시민성의 현황을 조사하고 다문화적 시민 교육의 관심과 의견, 수요를 조사 파악한다.

③ 현장조사

정확한 현실 진단과 장기적인 전망에 기반을 둔 효과적인 다문화 통합 사회 시민교육을 제안하기 위해서, 국내외 현장 조사를 실시한다. 현장 조사는 다문화 시민교육 기관과 이주민 관련 정책 집행 기관을 중심으로 이루어진다. 우선 우리보다 앞서 다문화 사회의 통합과 연대 창출을 위해 노력해 온 캐나다의 시민 교육 사례와 이주민 정책을 살펴본다. 아울러 국내 유관 기관의 탐방으로 성과와 과제, 개선 방안 등을 분석해 본다.

II. 다문화 시대의 도래와 교육의 과제

II. 다문화 시대의 도래와 교육의 과제

1. 이주의 시대와 시민의 삶: 변화와 위기

1) 이주가 다양성에 미치는 영향

글로벌 이주는 다양성의 문제를 중요한 쟁점으로 부각시켰다. 첫째, 글로벌화는 다양한 문화간의 만남을 촉진시키다. 둘째, 글로벌 수준으로 이루어지는 문화 전파와 이주민의 이동은 사회, 국가, 지역, 지구촌 각 수준에서 다양한 문화적 속성을 기준으로 하는 새로운 문화적 결사체 혹은 연합을 형성시키고 있다. 이는 국가내의 문화적 다양성을 심화시키거나 국경을 초월하여 문화적 정체성을 매개로 한 결사의 형성을 가능하게 하고 국가의 주권적 지위에 변화를 가져오고 있다. 셋째, 글로벌화는 문화적 다양성을 위협하기도 한다. 글로벌화의 비판적 측면에 주목하는 사람들은 글로벌화로 인하여 경제논리에 의한 문화의 상품화가 무분별하게 확산되고, 특히 서구 문화가 확산 되면서 문화의 획일화를 초래하고 있다고 우려한다.

일반적으로 글로벌화는 서구문화의 패권화를 조징하고 문화적 동질화를 초래하는 것으로 비판받고 있다. 초국적 시장체제에서 다국적 기업이 생산하고 공급하는 문화상품은 현지 문화에 커다란 영향을 미친다. 대개의 경우 현지 문화는 글로벌화된 문화 시장에서 경쟁력을 상실하고 소멸하게 된다. 즉, 글로벌화는 문화적 다양성에 부정적인 영향을 미친다. 유네스코의 무형문화유산 보호 노력은 글로벌화라는 움직임이 전통 문화에 미치는 위협적인 영향을 부각시켰다. '전통'과 '현대'의 충돌은 도처에서 일어나고 있으며 대개의 경우 이는 전통의 소멸로 귀결된다는 것이다. 유네스코는 그 구체적인 예로 도시화에 따른 유목생활의 소멸, 종교적 불관용으로 인한 토속 종교 박해, 서구적인 학교 제도 보급에 따른 아동기 풍습 전수 관행의 소멸, 의례의 신성성 상실 등을 꼽고 있다(Amescua, 2007).

그러나 글로벌화로 인한 전통 문화의 소멸이 곧 문화의 획일화는 아니라는 주장도 존재한다. 글로벌화가 문화적 다양성을 위태롭게 하는 것은 아니라는 것이다. 문화의 이동이 일어나는 경우 새로운 문화를 수용하는 지역에서는 항상 새로운 문화의 번역, 변이, 번안이 이루어진다. 따라서 외부 문화가 원형 그대로 수용지에 전수되면서 말 그대로의 문화의 획일화가 이루어지는 경우는 드물다는 것이다. 대표적인 예로 인터넷이나 스마트폰의 확산 양상을 들 수 있다. 새로운 의사소통 매체 수용에 적극적인 것은 대체로 소수자 집단이다(Fang, 1997). 기성의 매체 활용에서는 상대적으로 소외되어 있는 이들은 자신들의 사회적 · 경제적 정치적 요구를 제시하기 위해 새로운 매체를 · 선도적으로 수용하여 활용한다. 따라서 새로운 매체의 확산에 따른 구체적인 활용 양상은 해당 사회의 구체적인 정치 · 경제 · 사회 구조에 따라 다양성을 지니게 된다. 더군다나 시장이 좌우할 수 없는 삶의 영역이 존재한다는 것도 입증되었다. 민족적 정체성이나 종교적 귀속, 공동체에 대한 애착 등은 이른바 문화 상품으로 대체되거나 문화 상품의 형태로 소비될 수 없는 것이다.

한 가지 분명한 사실은 전 지구적 교역과 이주가 이루어지는 국제 환경 속에서 이루어지는 문화간 만남은 쌍방향적인 과정이라는 것이다. 전지구화가 다양성에 미치는 영향을 온전히 부정적인 것으로만 볼 수는 없다. 무엇보다 위에서 지적하였듯이 그것은 사실이 아니다. 뿐만 아니라 만약 전지구화로 인한 다양성의 감소를 인과적 사실로 받아들인다면 우리가 정책적으로나 교육적으로 다양성의 보전을 위해 할 수 있는 일이 아무것도 없다는 결론이 도출되어 버린다. 현재로서 전지구화는 거스를 수 없는 추세이기 때문이다.

문화적 표현과 실천의 만남은 새로운 조합의 탄생을 가능하게 하는 가능성을 항상 내포하고 있다. 예를 들어 전자통신매체의 발달로 인한 '사이버 월드'의 성립은 지역별, 세대별로 다양한 문화 장르를 낳고 있다. 즉, 문화간 만남은 새로운 형태의 문화를 창출하여 다양성에 기여할 수 있다.

따라서 우리는 다양성의 역동적 성격에 주목하고 다양한 문화간 만남으로 인한 사회와 개인의 변화를 미리 예상하고 잘 대응할 수 있도록 준비하는 것이 필요하다. 다양성은 혁신과 창의성, 수용성을 요구하고 있다.

2) 다문화 시대의 시민의 삶

(1) 중첩적 시민성

글로벌화로 다양한 문화와 함께 보편적 가치 의식이 촉진되었고, 지역의 독특성과 집단의 문화 정체성을 재확인하려는 노력이 확대되고 있다. 인류의 상호교류가 전례 없이 폭넓게, 강도 높게, 직접적으로 이루어져 한층 더 복잡해진 세계에서 국민 정체성은 이제 문화 정체성의 유일한 차원을 대표하지 않는다. Sen(2006)은 글로벌화로 인한 정체성의 분화 현상은 아래와 같이 설명하고 있다.

> 세상 사람들은 가장 중요한 단 하나의 분류법으로 구분할 수 있다는 이상한 가정이 존재했으나 이는 이제 유효하지 않다. … 인간은 일상생활에서 하나의 집단에만 속하지는 않는다…. 평범한 삶에서 우리는 다양한 집단에 속해있다고 스스로 생각하며 실제 이들 모두에 소속된 일원이다. 한 사람이 아무런 모순 없이 아프리카인을 조상으로 갖는 카리브해 출신의 미국 시민이면서 기독교인이고 자유주의자인 동시에 여성, 채식주의자, 장거리 육상선수, 역사가, 교사, 소설가, 여권운동가, 이성애자, 동성애자 권리 옹호자, 연극 애호가, 환경운동가, 테니스광, 재즈 음악가 등일 수 있다. 이 중 어느 것도 그 사람의 유일한 정체성이나 단일한 구성원의 범주가 될 수 없다 (Sen, A. 2006, pp.vii-viii).

Fox(2005)에 따르면 초국적 정체성이란 다중 국적을 가진 사람, 이민자로서의 배경을 가진 사람, 국제 단체에서 활동하는 사람, 환경, 평화, 인권 운동 등의 전 지구적으로 펼쳐지는 사회 운동에 참여하는 사람, 자국뿐 아니라 타국 혹은 타 지역 문화 및 그 곳의 배경을 가진 사람들과 관계를 가졌을 때 형성하는 정체성이라 정의될 수 있다. 이제 우리는 개인으로서나 사회로서나 점차 다중 정체성으로 우리 자신을 규정하고 있다. 국민국가시대의 성립 이후 국가 정체성은 다른 정체성과 경합불가한 절대적인 가치를 지닌 것으로 여겨져 왔다. 그러나 성 · 계층 · 인종 · 민족 · 종교 · 연령 · 성적 취향 · 장애 여부 등에 의해 귀속되는 집단이 개인의 정체성 형성이나 시민으로서의 지위에 영향을 미치는 것인 현실이다. 따라서 국가 정체성과 더불어 다양한 집단 정체성의 문제가 고려되기 시작하였으며 이러한 집단 정체성과 국가 정체성 간의 관계를 어떻게 규정할 것인가가 쟁점이 되고 있다.

설규주(2001)는 글로벌화가 지방화가 동시 진행되는 상황에서 기존의 국가적 시민성을 넘어서는 새로운 시민성을 모색해야 한다고 보았다. 글로벌화와 지방화로 인해 국민국가의 위상이 약화되었고 이와 함께 탈국가적 시민성이 대두하고 있다고 보고 있다. 따라서 앞으로의 시민 교육은 이러한 현대의 사회적 환경의 변화 및 탈국가적 시민성이 대두하고 있는 상황을 반영해야 할 뿐 아니라 그 변화에 규범적으로 대처할 수 있어야 한다는 것이다. 이 연구에 따르면 탈국가적 시민성은 글로벌화에 대응하는 다문화 시민성과 지방화에 대응하는 지역시민성으로 구분할 수 있다. 다문화 시민성은 보편적인 가치 추구를 위한 초국가적 반성과 참여로, 지역시민성은 지역 및 공동체의 자발적 참여와 정체성 획득으로 표현된다.

보편화가 획일화로 가지 않게 해주는 것이 지역시민성이요 , 특수성이 폐쇄성으로 고립되지 않도록 해주는 것이 다문화 시민성이라고 이해하면, 양자는 서로의 약점을 보완해 줄 수 있는 관계에 있다고 할 수 있다. 이 연구에서는 글로벌화와 지방화가 동시에 진행되는 현실에 적절히 대처하기 위해서는 이 두 가지 시민성을 조화롭게 추구하는 태도가 필요하며 그 방안으로 후천적 보편주의를 제시한다.

아래 그림처럼 우리는 개인의 정체성이 국가적 정체성과 문화적 정체성과 동일시되지 않는 시대를 살고 있다. 개인은 국민으로서의 멤버십 외에 글로벌 사회의 구성원이자 지역 구성원으로서의 지위를 갖게 되었으며 그에 따른 권리와 자유 행사, 책임과 의무의 이행을 요구받고 있다. 아울러 다원주의 사회에서 언어 · 종교 · 인종 · 성별 · 계층 · 연령 · 성적 취향 등으로 인해 구획되는 다양한 집단에의 귀속과 애착은 개인의 정체

그림 3 문화적, 국가적, 지역적, 세계시민적 정체성

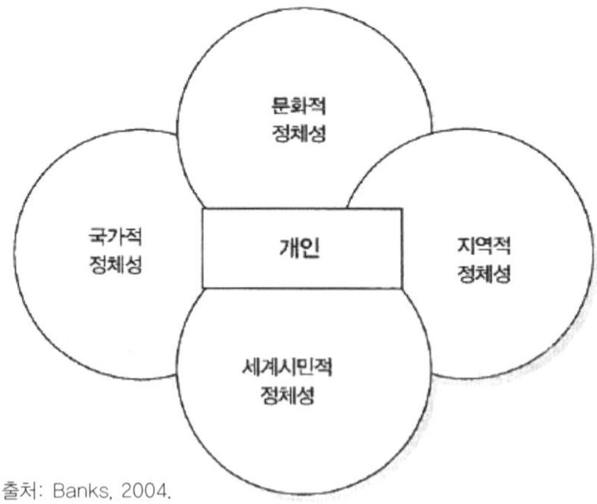

출처: Banks, 2004.

성을 귀속하는 요소로 인정받고 있다. 다문화화된 사회의 시민은 이러한 중첩되는 멤버십으로 인한 자유, 책임, 의무, 권리 문제를 조율하고 효과적으로 이행해야 한다.

(2) 다양성과 시민의 권리

다양한 집단의 문화 정체성을 재확인하는 작업이 확대되고 있다. 많은 민족, 공동체, 집단 및 개인들이 인간 존엄성의 중요한 부분이자 가치 있는 자신의 문화 정체성을 보전과 보호하기 위해 노력하고 있다.

다양성은 인류의 중요한 특징이자 평화와 안전에 불가결한 요소로서 인간의 역량과 가치를 배양하고 인권을 완전히 실현하는 데 중요하다. 문화 정체성의 표현과 보전을 제한하거나 억압하는 것은 혼란과 소외 그리고 심지어 폭력적인 갈등으로 이어질 수 있다. 따라서 문화 정체성은 별도의 권리로서 보호받아야 한다는 요구가 증가해 왔다.

문화권은 다른 종류의 시민적, 경제적, 정치적, 사회적 권리와 연결되거나 중첩되는 권리의 한 종류이다(유네스코한국위원회, 2010, pp.194-202). 문화생활에 참여하는 권리는 사회적 권리 및 경제적 권리와 관련 있지만 종교, 표현, 커뮤니케이션의 자유와 같은 문화적 자유는 시민적 권리와 관련 있다. 교육에 관한 권리는 복합적인 권리 사례이다. 이와 같이 문화권은 모든 인권의 불가분성과 상호연관성을 구체화한다.

또한 문화권은 개인의 권리와 집단의 권리 사이에서 중계적인 역할을 한다. 문화권은 개인의 권리이지만, 해당 권리의 향유는 공동체와 연계되어 있다. 아울러 문화 발전에 필수적인 종교, 표현, 결사의 자유 등과 같은 개인의 문화권과 별도로 문화 정체성 보호에 관한 권리 또는 문화유산에 관한 사람들의 권리와 세계문화유산에 참여할 수 있는 권리와 같은 공동체의 새로운 요구가 나타나게 되었다. 문화권은 주로 공동으로 또는 공동체와 연관되어 개인들이 향유하는 것이다. 예를 들면, 문화생활에 참여할 개인의 권리는 문화공동체와 밀접히 연계되어 있다. 또 다른 접근 방법에 따르면, 이들 권리가 공동체로 하여금 문화 정체성을 개발하고 증진하며 보존할 수 있는 가능성을 부여하기 때문에 이와 같은 공동체가 문화권을 향유해야 한다는 것이다. 즉, 문화권은 개인의 권리인 동시에 집단적인 권리이다.

협의의 문화권은 문화생활에 참여할 권리 또는 소수 구성원을 위한 문화향유권을 의미한다. 광의의 문화권은 문화와 연계성을 가지는 경제적 권리를 포함한다. 즉, 거의 모든 시민적 권리가 문화와 연관이 있다고 할 수 있다. 보다 구체적으로 말하면 종교의 자유, 표현의 자유, 결사의 자유, 교육받을 권리 등과 관련된다. 문화적 산물뿐만 아니라 결사, 언어, 종교 및 교육과 같은 과정을 지향하는 측면을 포함하는 광의의 문화개념은 문화권이 시민, 문화, 경제, 정치, 사회적 원천을 가지는 다른 많은 인권을 포함한다는 것을 의미한다. 문화권은 문화적 산물을 창조하고 향유할 권리뿐만 아니라 결사, 언어, 종교의 자유와 교육 받을 권리 등 광의의 문화개념과 연관된 권리는 물론이며, 문화에 접근하고 참여할 권리까지 포함한다. 더 나아가 문화권은 건강, 주택, 음식에 관한 권리와 같이 여러 권리의 문화적 영역과 관련이 있다. 결과적으로 문화권은 단지 문화를 명백히 언급하는 권리를 넘어서는 것으로서, 인간 존엄성의 일부분으로 개인과 공동체의 문화적 정체성의 구성요소를 보호하고 증진하는 모든 인간된 권리를 포함한다.

그러나 문화권의 무제한적인 행사는 다른 권리나 사회권을 심각한 위험에 빠트릴 수 있다. 문화권의 향유가 다른 사람들의 인권 향유를 부당하게 제한하거나 침해해서는 안 된다. 즉, 문화권의 향유는 다른 사람들의 인권 향유로 인해 제한될 수 있다는 것이다. 사실, 많은 인권이 잠재적으로 특정 상황에서 상호 충돌할 수 있다. 이러한 주어진 상황에서 어떤 권리가 우월한지 정하기 위해 각각의 상황을 평가해야 한다. 일반적으로 국제인권 규범과 명백히 충돌하는 문화 관행은, 문화권을 구실로 정당화될 수 없다. 다시 말해, 다양성과 문화정체성의 증진 및 보호를 강화한다고 해서 다른 자유와 권리를 제한하는 문화적 관행을 무비판적으로 수용한다는 것은 아니다. 인권의 중심 가치 즉, 인간 존엄성과 충돌하는 문화적 관행을 위한 구실이 되어서는 안 된다. 동시에 관행에 대한 비판적 태도가 전체적인 문화권의 거부로 이어져서도 안 된다. 문화적 인권, 다양성의 기본 가치, 문화 정체성 등은 인간 존엄성을 보호하는 데 필수적인 것이다. 다양성 교육이 곧 민주시민 교육의 맥락에서 이루어져야 하는 이유이다.

2. 다문화 시대의 교육

1) 글로벌화 이전의 국가 중심 교육 모델

전 지구적 추세와 발전의 양상들은 학생을 단일 국민 국가에서 자기 역할을 다하도록 교육시키는 것에 도전을 가하고 있다. 6-70년대 이루어졌던 소수 집단의 권리 추구 운동의 유산 확산, 국가 간 이주 증가, 민주 국가 내부의 구조적 불평등 인식의 확대, 그리고 국제 인권의 인식과 정당성의 확산 등을 배경으로 교육과 관련한 복잡한 문제들이 대두되었다. 종교적 근본주의 및 인종 갈등과 관련된 자국내 시위나 폭력 사태, 테러 등이 빈번해지면서 서구의 국가들은 위기를 느끼고 있다. 세계는 위험하고 혼란스러운 반목과 불화의 시대를 지나고 있다. 그러나 근대적인 교육 개념과 패러다임, 기획들은 이러한 세계에는 유효하지 않다.

근대 교육의 핵심은 교육 목표나 계획이 개별 국민-국가 단위로 설계되었다는 것이다. 교육은 기본적으로 국민국가의 계획이었다.시민혁명 이후 국민국가들은 구성원을 국가의 주권자인 시민으로서 양성하기 위한 국민교육을 시작하였다. 이전 교육이 자유로운 교양인 양성에 초점을 맞추었다면 국민국가의 교육은 국가구성원으로서의 법적 지위를 담당하는 데 필요한 자질 함양이 중점이 되었다.

Davies(2005) 근대적 전통에 기반을 둔 국민국가의 교육과 글로벌화 이후의 교육을 비교하였다. 국민국가의 교육은 국가의 이익에 봉사하는 것이 우선시 된다. 이를 위해 국가의 발전과 질서 유지에 헌신할 수 있는 확고한 신념과 국가 정체성을 갖춘 구성원을 양성하고자 한다. 교육의 목적으로 애국심, 자국의 역사, 사회 구조의 신념, 국민으로서의 정체성, 법적인 권리와 의무에 대한 인식 등이 강조된다. 이에 반해, 글로벌화 이후의 교육은 국가 단위에 한정되지 않는 이해관계 고려와 상호의존에 대한 인식을 필요로 한다. 교육의 목적으로 국가를 넘어선 관점과 소외 집단 배려, 인권 의식과 같은 보편적 가치, 국제 정치의 이해 등을 지향한다.

다양성이 심화되고 문화적 인정과 권리에 대한 소수 집단의 주장이 증가하고 있는 오늘날 국가중심적인 시민성 · 시민교육 개념은 적절하지 못하다(Banks, 2008). 아이들이 공동체의 문화, 국가, 지역, 세계에 가지고 있는 정체감과 충성심이 균형을 이루도록 하는 것이 현실적인 교육 목표이다. 다양성 시대의 시민교육은 문화 공동체 및 국가, 그리고 지구에

표 1 국민국가와 후기 국민국가의 시민교육 요구 비교

	국민국가	후기 국민국가
교육 체제의 보편적 지향점	국가에 이익이 되는 내용들에 초점을 맞춤 국민으로서의 정체성을 강화하거나 유지	국가 외적인 이해관계에 초점을 맞춤 국가나 지역간의 전세계적 상호 의존
교육의 목적	애국심 강조 자국의 역사 및 사회 구조 강조 개인들에게 국민으로서의 정체성 강조 국민으로서 가지는 법적인 권리와 의무	국가를 넘어선 관점을 강조 역사적으로 소외된(배제된) 집단을 포함 국가수준을 넘어선 인간성과 관련된 시민성 강조 지역 또는 지구 차원의 정치 구조 강조–보편적 인권 강조

출처: Davies, 2005, p.75.

대한 사려 깊고 명료한 정체성을 함양하도록 해야 한다. 문화 집단 혹은 국가를 향한 무비판적이고 무분별한 애착은 집단이나 국가의 통합을 저해할 뿐만 아니라 반성적이고 긍정적인 문화적 · 지역적 · 국가적 · 세계 시민적 정체성의 발달을 저해할 수 있다. 다문화 시대의 시민교육은 미래 세대가 그들의 문화공동체, 국민국가, 지역, 그리고 지구사회에서 자기 역할을 유능하게 수행하는 데 필요한 지식, 기능, 가치를 습득하도록 도와야 한다. 또한 평등과 사회정의를 위해 일하는 데 필요한 관점과 가치관을 습득하도록 한다.

2) 다문화 시민성

시민교육의 이론가들은 다문화 사회의 전 지구적 확산 및 다문화 사회의 특수성에 주목하여 다문화적 사회의 시민교육이 추구해야 할 시민성을 개념화하기 위해 노력해 왔다. 다문화 민주 국가의 시민들은 자신이 속한 특정 인종, 사회, 문화 집단의 권리만을 위해서가 아니라 전체 사회의 향상을 위해 노력해야 한다. 즉, 다문화 민주 국가의 시민들은 정의와 평등과 같은 국가의 보편적 이상을 존중하고, 유지하고 보존하는 데 헌신하며, 사회적 · 인종적 · 문화적 · 경제적 불평등처럼 민주적 이상을 저해하는 현실과 이상과의 간극을 줄이는 데 기여하기 위해 행동하려는 의지와 능력을 가지고 있어야 한다. 이렇게 볼 때, 다문화 시민성이란 다문화의 맥락 속에서 민주주의의 고유한 개념 · 가치 · 신념 · 행동 패턴을 이해하고 이에 근거하여 민주적인 대화로 자신이 속한 문화를 구성하고 공동 문화를 창출할 수 있는 시민의 자질을 말한다(장원순, 2004, p.12).

Pang et al.(1995)은 다문화 사회의 시민이 갖추어야 할 자질을 개념화하고 있다. 이들은 우선 민주적인 정치 공동체로서 시민이 갖추어야 할 일반적인 자질과 다문화 사회의 구성원으로서 갖추어야 할 문화적 능력을 별도로 구분하여 아래 표와 같이 구체화하고 있다. 일반적인 자질이란 시민들이 사회적 쟁점과 문제들을 민주적 절차와 과정으로 해결하기 위하여 요구되는 지식, 기능, 태도이며, 문화적 능력은 다양한 문화접촉 상황에서 갖추어야 할 자질이다.

표 2 다문화 시민의 자질

구분	구체적인 지식, 기능, 태도
민주 시민의 일반 자질	① 시민의 다양한 권리와 의무체계를 이해한다. ② 의견과 행동차이가 어떻게 정책에 영향을 미치고 이를 변화시키는지를 분석한다. ③ 민주공화국 시민의 이상에 부합하는 합리적 담론형식을 실천 한다 . ④ 정책과 쟁점들을 형식적, 비형식적 정치참여자의 관점에서 분석한다. ⑤ 시민들의 행동과 정책들이 민주공화국의 이상들을 어떻게 나타내고 있는지 또 위반하고 있는지 평가한다. ⑥ 시민의 공공선을 강화하는 활동에 참여한다.
문화적 능력	① 문화적 전통, 신념, 가치, 행동패턴, 문화유물들의 구조화된 정체성에 대하여 포괄적으로 이해한다. ② 공유된 가정, 가치, 신념들이 개인과 집단으로 하여금 왜 특정한 방식으로 반응하도록 하는지 이해한다. ③ 집단 내 그리고 집단들간의 다양성과 응집성을 가치 있게 여긴다. ④ 사회과학의 아이디어, 이론, 탐구양식들을 사회적 쟁점과 문제들에 적용한다. ⑤ 역할, 지위, 사회계급이 어떻게 개인, 집단, 제도들 간의 관계와 상호작용에 영향을 끼치는지 이해한다. ⑥ 특정 전통과 법에 포함된 신념체계들을 검토 한다. ⑦ 개인성의 표현과 사회적 동조성을 증진시키기 위한 집단과 제도들 간의 긴장을 분석한다.

Kymlicka(2003)는 개별 수준의 다문화주의는 시민이 지녀야 할 지식, 신념, 미덕, 성향, 다문화 기능을 포함해야 하며, 다문화 시민성은 다문화 국가를 지지할 뿐만 아니라 적극적으로 다양성을 지향하는 태도가 필요하다고 하였다. Kymlicka가 말하는 다양성에 개방적인 태도 및 적극적으로 수용하려는 태도는 다민족 · 다문화 지향성의 한 요소로 볼 수 있다(황정미 외, 2007).

Heater(1990)는 시민성의 개념을 보다 종합적으로 접근하고 있다. 그는 시민성 개념을 지역사회의 구성원으로서 갖는 시민의 권리와 의무라는 개념으로 이해한다. 그는 현대사회에서 시민성이 관련되는 공간적 차원에 따라 시민성을 구분하였다. 지방 시민, 국가 시민, 범국가적 시민, 세계시민 등과 같이 다중시민성을 형성한다는 것이다.

Parker(1996)는 다문화화된 사회에 적합한 시민성을 모색하면서 기존의 시민성 교육을 비판한다. 기존의 제한적인 시민성 개념은 다원화된 사회 현실을 반영하지 않으며, 사회 통합의 달성과 다양성의 존중 간에 존중하는 긴장을 적절하게 다루지 못한다는 것이다. 기존의 시민성 개념이 문화의 다양성의 동화를 추구하고 있으며 차이를 감소시키기를 바라기 때문에 이러한 시민성은 제한적일 수밖에 없다는 것이다. 확장된 시민성을 위해 Parker는 공적 영역의 적극적인 참여를 강조한다. 또한 문화적 다양성을 보호하며 하위 공동체 문화 보전의 권리를 존중해야 한다고 주장한다.

구정화 · 박선웅(2011)은 다문화 시민성을 한 국가의 시민으로서 국가 공동체를 구성하는 다양한 문화 정체성을 이해하고 존중하는 데 요구되는 능력과 태도로 정의한다. 이러한 다문화 시민성은 두 가지 관점에서 접근할 수 있다. 첫째, 문화적 상대주의 관점에서 문화의 다양성을 존중하고, 이질적 문화 집단의 상호 차이 이해와 문화적 소통을 강조하는 것이다. 두 번째 관점은 비판적 다문화주의에서 두드러지게 나타나는데, '문화 간 차이'의 상대주의적 이해와 태도를 넘어 문화 불평등과 문화 권력 그리고 그에 의해 매개되는 사회불평등을 비판적으로 인식하는 '문화정치학'적 관점이다. 이 관점에 따르면 특정 집단, 민족이나 인종을 정상 혹은 비정상으로 경계를 짓고 재현하는 문화적 기제의 작동과 그것의 효과로서 사회경제적 불평등을 정당화하는 방식을 비판하는 인식을 가질 필요가 있다. 이 경우에는 다문화 집단의 경계를 단순히 민족이나 인종에만 한정하지 않고 성, 계층, 장애 등 다양한 문화 집단으로까지 확장한다.

이러한 관점은 오직 정의 및 평등과 같은 민주적 가치를 중심으로 국가가 통합될 때에만 다양한 문화, 인종, 언어, 종교 집단의 권리를 보호할 수 있고, 문화적 민주주의와 자유를 누릴 수 있다고 한 Banks(2008)의 다문화 시민성 형성과도 맞닿아 있다. 이 두 관점을 배타적으로 보는 것이 아니라 상호 연계된 것으로 이해하면서, 이 둘을 모두 다문화사회에 필요한 시민적 자질로 이해하고자 한 것이 바로 다문화 시민성이다. 따라서 다문화 시민성에 기초한 다문화교육은 다문화 사회에서 개인이 자신이 속한 문화 공동체 안에서 정체성을 형성하고, 이와 더불어 사회의 문화 간 차이를 이해하고 불평등에 대한 비판적 인식을 중요한 내용으로 고려하게 된다. 결국 다문화 시민성을 고려한 다문화교육에서는 '문화간의 차이 이해와 인정'과 더불어 '문화간 차이로 인한 불평등 문제에 대한 비판적 인식'으로 다문화 사회를 위한 사회적 조건을 고려할 수 있도록 하는 교육을 고려하도록 해야 한다.

구정화 · 박선웅은 다문화 시민성을 인지적 측면과 가치적 측면, 기능적 측면으로 구체화하고 있다. 인지적 측면은 문화의 의미와 특징 이해, 다문화 사회의 형성 과정과 현상 이해, 시민권과 인권의 의미와 내용 이해로 구성된다. 가치적 측면은 차이 인정, 인권 존중, 연대감과 참여 의식으로 구체화되며 기능적 측면은 간문화적 소통 능력, 고등 사고력, 시민 참여 기능 등을 포함한다(구정화 · 박선웅, 2001, p. 20).

Banks(2006), Gutmman(2004), Sleeter & Grant(2003) 등은 공통적으로 다문화교육의 목표를 태도의 세 가지 요소인 인지, 정서, 행동의 측면에서 제시하고 있는데, 그들이 제시하는 다문화교육의 목표는 첫째, 인지적 측면에서 다문화학습의 목표는 타문화의 의미, 특성, 가치를 반성적으로 이해하는 능력을 함양하는 것이다. 둘째, 정서적 측면에서는 다문화의 가치와 정체성을 수용하고 존중하는 태도를 함양하는 것이다. 이를 위해서는 타문화의 가치를 인간 존엄, 평등, 정의의 관점에서 수용하고 존중하고자 하는 태도를 기르는 것이 강조되고 있다. 셋째, 행동적 측면에서 다문화 학습의 목표는 타문화를 존중하는 의식을 행동으로 실천하는 능력을 함양하는 것이다. 이를 위해 다문화적 문제 및 갈등 상황에 합리적으로 대처하고 실천할 수 있는 능력을 기르는 것이 요구된다.

3. 다문화 시민성의 실태

사회의 일정한 사건과 사실에 대한 개인의 태도는 스스로 선택한 가치관뿐 아니라 사회적 관계에 의해 큰 영향을 받는다. 개인이 특정한 대상과 상황에 대해 선호하는 감정적, 이성적 반응은 다양한 인생 경험으로 형성된다. 특정한 사회적 문제에 대한 개인들의 태도는 긍정적 또는 부정적 반응을 보이는데, 상당한 기간 동안 지속적 반응으로 표현되는 경우를 인식 또는 태도라고 부를 수 있다. 물론 개인의 인식과 태도는 영원히 변화하지 않는 것이 아니다. 개인의 다양한 경험과 사회적 관계의 변화, 개인과 사회구조적 결합으로 '의도하지 않은 결과'가 발생하며 역동적 과정을 거치기도 한다. 사회과학자들은 이러한 지속성과 역동성을 가진 인식과 태도가 일정 기간의 경험과 학습에서 획득한 행동의 경향, 사고의 관성, 사고 체계 또는 사랑으로 간주하며, 이러한 요소들이 개인의 판단과 행동에 중요한 영향을 미친다고 본다.

세계적으로 다문화 인식을 평가할 수 있는 표준화된 척도는 마련되어 있지 않다. 일반적으로 가장 널리 활용되고 있는 평가 척도는 유럽의 인종주의와 제노포비아에 관한 감시센터인 EUMC(European Monitoring Centre on Racism and Xenophobia)의 "종족배제주의(ethnic exclusionism) 척도"라 할 수 있다(EUMC, 2005). 40여 개 국가들이 국경을 접하고 있는 유럽의 역사에서 이주는 중요한 현상이고, 근대 이후 보편적 현상이 되고 있다. 최근 세계화의 확대로 유럽은 주류 집단과 이주민 소수자 집단 간의 갈등과 통합이 중요한 사회문제로 부각되면서 인종적 · 민족적 태도를 파악하는 데 보다 집중하고 있다.

EUMC의 '종족배제주의 척도'는 유럽위원회(European Commission)의 유로바로비터(Eurobarometer)의 평가 척도와 유럽 과학 재단(European Science Foundation)의 유럽 사회 조사(European Social Survey) 평가 척도를 담고 있다.

유로바로미터 척도는 1970년대 초반부터 유럽 각국의 비교 사회 연구를 위해 실시되어 왔다. 유럽 연합 국가에 거주하는 15세 이상 중 표본을 추출하여 일 년에 두 번 실시한다. 유로바로미터 척도에는 ① 다문화 사회에 대한 저항 ② 다문화 사회의 한계 ③ 합법적 이주자에 대한 시민권 반대 ④ 합법적 이주자의 송환정책에 대한 지지 등이 포함되어 있다. 각 항목의 세부 내용은 다음과 같다.

① 다문화 사회에 대한 저항

-어떠한 사회이든 다양한 인종 종교, 문화적 배경을 가진 국민들로 구성되는 것이 좋다.

-인종적, 종교적 문화적 다양성은 한 나라의 장점으로 부각될 수 있다.

② 다문화 사회의 한계

-한 사회가 받아들일 수 있는 종교나 인종 그리고 문화에는 한계가 있다.

-소수 집단에 혹한 사람들이 증가한다면 우리는 여러 가지 문제에 봉착할 것이며 이는 한 국가가 한계에 도달했음을 의미한다.

③ 합법적 이주자에 대한 시민권 반대

-유럽 연합을 제외한 다른 국가에서 온 합법적인 이민자들도 국내 시민으로서 같은 사회적 권리를 누려야 한다.

-유럽 연합을 제외한 다른 국가로부터 온 합법적 이민자들은 직계 가족 구성원을 데려올 권리를 가져야 한다.

④ 합법적 이주자의 송환정책에 대한 지지

-합법적 이주자가 실업 상태가 된다면 자기 나라로 돌려보내야 한다.

-합법적 이주자를 모두 자기 나라로 돌려보내야 한다.

유럽 사회 조사(European Social Survey)의 척도는 유럽 과학 재단에서 시작되었다. 유럽 과학 재단에서는 기존 연구가 시대에 따라 변화하는 유럽인들의 태도 신념 및 다양한 인구의 행동 유형 간의 상호 작용을 충분히 설명하지 못하고 있다고 생각하여 사회 조사를 실시하기 시작하였다. 이 조사는 약 30여 개 국을 대상으로 실시되며 2002년 처음 실시된 이후로 2년 마다 시행되고 있다. 유로바로미터가 정책적 목적을 우선시한다면 유럽사회조사는 보다 학문적인 성격이 강하다고 할 수 있다. ① 다양성에 대한 저항 ② 이민자에 대한 저항 ③ 난민에 대한 저항 ④ 민족적 거리감 ⑤ 집합적인 민족적 ⑥ 범법 이주자의 송환정책에 대한 지지라는 6가지 변수로 이루어진다.

Ponteroto et al.(1995)의 QDI는 후기 청소년기와 성인을 대상으로 다문화와 양성 평등의 태도를 측정하기 위한 도구이다. 연구자들은 편견을 정확히 측정하고 편견 감소를 위한 개입의 효과성을 안정적으로 평가하기 위하여 편견적 태도를 인지적, 감정적, 행동적 요소로 구성된 다차원적인 것으로 전제하고, 총 30문항으로 구성된 QDI를 개발하였다. QDI는 인종 다양성과 다문화주의의 일반적 태도 및 개인적 삶과 관련된 인종 다양성의 감정적 태도, 그리고 여성 평등 이슈와 관련된 일반적 태도를 측정한다.

국내의 연구 조사들은 연구 목적이나 내용에 따라 다문화 인식, 다문화 의식, 다문화 수용성, 다민족 · 다문화 지향성, 문화적 인식, 외국인에 대한 의식 등으로 다양한 용어를 사용하고 있지만, 대체로 평가 척도로서 EUMC의 종족배제주의 척도를 활용하는 경향을 보인다.

장임숙(2011)은 EU 여론조사기구인 Eurobarometer가 인종주의 및 이민자에 대한 태도를 측정하는 조사 항목을 토대로 한국 사회에 적용 가능한 항목을 측정하여 다문화 인식 조사 도구를 개발하였다. 세부항목들을 대상으로 요인분석을 실시한 결과 이주민집단에 대한 인지된 위협, 이주민 차별 인지, 이주민의 영주권 지지, 이주노동자의 송환 지지, 다문화사회 지지 등 5가지 변수로 범주화되었다. 즉, 다문화인식도는 사회의 이주민 집단을 위협적으로 인식하지 않고, 이주민에 대한 차별적인 처우를 인지하며, 이주민의 영주권을 지지하고, 이주노동자에 대한 영주권 부여를 옹호하고, 다문화사회로의 진입을 긍정적으로 평가할수록 높다고 할 수 있는 것이다.

이러한 다문화 인식은 이주민 인권정책 및 정부 역할의 태도에 영향을 미치는 것으로 나타났다. 교육과 훈련의 권리, 거주지에 자신의 가족을 데려올 권리, 주거의 권리와 같은 사회권 정책의 태도는 '이주민 집단에 대한 인지된 위협' 및 '이주노동자 송환 지지'와는 부(-)의 관계에 있는 반면, '이주민에 대한 차별 인지'와는 정(+)의 관계에 있었다. 즉, 이주민을 위협적인 존재로 인식하지 않을수록, 이주노동자 송환을 지지하지 않을수록, 이주민에 대한 차별에 민감할수록 이주민에 대한 사회권 정책에도 우호적이었다. 정부의 역할은, 이주민 집단을 위협적으로 인식하지 않을수록, 이주민 차별에 대한 인식력이 민감할수록, 다문화사회 지지도가 높을수록 정부의 적극적인 역할을 지지하는 것으로 나타났다.

박순호(2009)는 대구지역 초등학교 교사, 학생, 학부모들을 대상으로 다문화교육의인식을 조사하였다. 학부모는 총 132명을 대상으로 하였다. 설문 내용은 크게 다문화교육의 이해와 경험, 다문화 학교교육의 필요성 및 이유, 다문화 학교교육의 교육과정과 실시 방식에 대한 의견이었다. 조사 결과 학부모들 중 4(6.1%)만이 다문화교육을 잘 알고 있거나 알고 있다고 대답했다. 모르거나 전혀 모른다고 대답한 학부모는 30명(46.2%)에 달했다.

황정미 외(2007)는 한국의 다민족 · 다문화 지향성을 파악하기 위해 EUMC의 척도를 활용하여 ① 다문화 사회에 대한 저항 ② 다문화 사회의 한계 ③ 이주자 시민권 반대 ④ 이주자 송환정책 선호 ⑤ 이주로 인한 위협의 집합적 인지라는 5가지 차원에서 종족적 배제주의를 측정하고 있다. 이 연구는 EU의 조사결과와 비교해 대체로 한국인들이 종족적 배제주의에 더욱 관대한 태도를 보이지만, 이주자 송환 정책에 대한 지지는 상대적으로 높게 나타나 이주자의 증대가 초래할 수 있는 사회문제나 사회적 위협을 직접적으로 경험한 적이 없는 현실적 맥락을 고려할 필요가 있다고 지적한다.

인태정 · 김희재(2009)의 연구는 EUMC(2005)의 종족배제주의 척도를 활용하여 대학생들의 민족적 배타성을 파악하는데, 민족적 배타성은 이주자의 정치적 · 경제적 권리, 이주자 송환정책, 이주자집단에 대한 위협의식이라는 지표로 평가한 분석 결과에 의하면, 민족적 배타성은 부정적인 것으로 나타났고 세부적으로 이주자 송환정책과 국적 취득에 폐쇄적인 태도를 가진 것으로 나타났다.

윤인진 · 송영호(2011)의 연구는 한국인의 국민 정체성 인식과 다문화 수용성의 관계를 규명하고자, EUMC의 척도를 활용하여 다문화수용성을 측정하였다. 여기서 다문화 수용성은 "다문화 사회로의 변화에 대한 태도"와 "인지된 위협"이라는 2가지 변수로 구성된다. 이 연구에서 한국인은 다문화 사회로의 변화를 긍정적으로 받아들이고 있으며, 합법체류 이주노동자는 아직까지 경제적으로 위협을 느끼지 않지만, 범죄, 주거지 환경 악화 등 사회 심리적으로는 보통 이상의 위협을 느끼는 것으로 나타났다.

서운석(2010)의 연구는 연령별 한국인의 다문화 인식의 현황을 "직장 동료로서의 인정 여부", "동네 이웃으로서의 인정 여부", "결혼으로 맺어지는 친척으로서의 인정 여부"로 파악한다. 이 연구에 따르면, 연령별로 30대와 40대가 외국인에게 가장 개방적인 태도를 보인 반면에 60대와 50대가 가장 보수적인 태도를 보였고, 항목별로 "동네이웃으로서의 인정"에 가장 개방적인 태도를 보인 반면 "결혼으로 맺어지는 친척으로서의 인정"에 가장 보수적인 태도를 보인 것으로 나타났다.

표 3 다문화 인식 평가 척도

선행연구	평가 척도
유로바로미터(Eurobarometer)	다문화 사회에 대한 저항 다문화주의의 한계 합법적 이주자에 대한 시민권 반대 합법적 지주자의 송환 정책에 대해 지지
유럽 사회 조사 (European Social Survey)	다양성에 대한 저항 이민자에 대한 저항 난민에 대한 저항 민족적 거리감 집합적인 민족적 위협 의식 범법 이주자의 송환정책에 대한 지지
황정미 외(2007)	다문화 사회에 대한 저항 다문화 사회의 한계 이주자 시민권 반대 이주자 송환정책 선호 이주로 인한 위협의 집합적 인지
인태정 · 김희재(2009)	이주자의 정치적 경제적 권리 이주자의 송환정책 이주자집단에 대한 위협의식
윤인진 · 송영호(2011)	다문화 사회로의 변화에 대한 태도 인지된 위협
서운석(2010)	직장동료로서의 인정 여부 동네 이웃으로서의 인정 여부 결혼으로 맺어지는 친척으로서의 인정 여부
장임숙 · 이원일(2011)	이주민에 대한 위협 인지 다문화 사회에 대한 지지 이주노동자의 송환지지

장임숙 · 이원일(2011)은 대학생을 중심으로 다문화인식의 수준을 측정하고, 다문화인식에 영향을 미치는 요인이 무엇인지를 규명한 후, 다문화인식이 정책 태도에 어떠한 영향을 미치는지를 분석한다. 이 책의 목적을 구체화하면 첫째, 대학생의 다문화인식은 "이주민에 대한 위협 인지", "다문화 사회에 대한지지", "이주노동자의 송환지지", "민족적 거리감"이라는 4가지 변수를 사용하여 측정하고 개인적 특성에 따른 다문화인식의 차이를 규명한다. 둘째, 대학생의 다문화인식이 이주인권정책 태도에 어떠한 영향을 미치는지를 분석한다. 특히 다문화인식을 구성하는 주요 변수들 중에서 어떠한 변수가 중요한 영향을 미치는지를 파악한다. 이를 위해 종속변수인 이주인권정책 태도는 UN의 자유권과 사회권 조항을 근거로 "자유권에 관한 정책"과 "사회권에 관한 정책" 그리고 "이주인권정책에 대한 정부 역할"로 나누고, 이들 정책 태도 변수에 대한 다문화인식의 영향을 분석한다. 분석 결과에 의하면, 대학생의 다문화인식은 보통 수준이며, 이주노동자의 송환에 대해 지지하는 경향을 보였다. 그리고 다문화인식은 성별, 다문화교육 여부, 정치적 신뢰 수준, 외국문화에 대한 관심 등의 특성에 영향을 받으며, 제한적이지만 이주인권정책에 중요한 영향을 미치는 것으로 나타났다.

Ⅲ. 다문화 시민성 교육의 현황

III. 다문화 시민성 교육의 현황

1. 교육정책 및 교육과정 속의 다문화 시민성 교육

1) 다문화교육 정책 현황

1990년대 초반 시행된 산업연수생제도로 주로 동남아출신의 노동자들이 우리나라에 들어오기 시작한 이래 한국 사회의 다문화화가 본격적으로 시작되었다. 그러나 이후 10여 년 동안 한국에 출입하는 외국인의 숫자가 크게 증가하였음에도 불구하고, 여전히 이들을 바라보는 대중의 시각은 '잠시 한국에 머물렀다 가는 외국인' 정도의 수준에 머물러 있었다.

그러나 2000년대 중반 들어 국내의 다문화 현상을 바라보는 시각에 큰 변화가 생기기 시작했다. 물론 이러한 관점의 변화가 그 이전과는 뚜렷하게 구분되는 폭발적인 인구학적 변화에 기인한 것은 아니다. 그보다는 이미 잠재되어 있던 여러 가지 다문화 현상에 따른 문제점들이 사회 각 부문에서 서서히 모습을 드러냈기 때문이다. 이러한 문제들은 주로 다문화의 진행 속도가 빠른 지역들을 중심으로 나타나기 시작하였는데, 대표적인 사례가 경기도 일부 도시를 중심으로 한 외국인 노동자 집단 주거 지역 형성, 농촌 지역을 중심으로 한 다문화가정 자녀들의 교육 문제 등이다.

이러한 변화들은 주로 지역사회의 특수한 측면으로 다루어져왔다. 해당 지역의 다문화적 특수성은 지방 정부가 정책적으로 관리하기보다는 대체로 시민 사회 단체를 중심으로 한 민간의 영역에서 자율적으로 관리하는 방식을 취해왔다. 하지만 민간 영역이 가진 인적 · 물적 자원의 취약성으로 인하여 장기적이고 체계적인 관리가 이루어지기보다는 문제 상황에 대중적 처방 중심의 접근이 많았다.

이처럼 일부 지역에서 민간 차원에 머물러 있던 다문화에 대한 관심이 대중적이고 정부 차원의 관심으로 확산된 계기는 '하인즈 워드'와 '조승희 사건' 등이 일종의 사회적 신드롬 효과를 가져왔기 때문이다. '하인즈 워드의 슈퍼볼 MVP 수상'과 '조승희의 총기난사 사건'은 얼핏 정반대의 사회적 반향을 불러 일으켰으나 본질적으로 우리가 한국인의 정체성을 심각하게 고민할 수 있는 계기를 마련해 주었다는 점에서 공통점을 갖는다. 이러한 현상들이 언론에 확산되면서 국내의 다문화 문제에도 관심을 갖게 한 것은 다행한 일이라 할 수 있다. 특히 이를 계기로 중앙정부 차원에서 예산이 마련되고 제도가 정비됨으로써 다문화 현상에 보다 장기적이고 체계적인 접근이 가능하게 되었다.

① 2006년 다문화가정 자녀 교육지원 대책

교육인적자원부는 2006년 우리 사회의 새로운 교육 소외계층으로 대두되는 국제결혼가정 자녀, 이주노동자 자녀의 교육적 현황을 파악하고 다문화주의 관점에서 종합지원 대책을 보고하고자 '다문화가정 자녀교육지원 대책'을 발표하였다. 그 추진 배경 및 목적은 1) 우리사회 다양한 구성원의 인권보호 및 사회 통합 필요, 2) 다문화가정 자녀들의 교육소외

방지 대책마련, 3) 다문화가정 구성원의 인적자원 개발방안을 모색하는 데 있다. 또한 정책 과제 및 대응 방안으로 1) 다문화가정지원을 위한 부처 간 협력 체제 구축, 2) 지역사회의 다문화가정 지원협력체제 구축지원, 3) 학교의 다문화가정 자녀지원 기능 강화, 4) 다문화가정 자녀교육을 위한 교사역량 강화, 5) 교육과정 및 교과서에 다문화 교육요소 반영, 6) 대학생 멘토링 사업을 다문화가정 자녀에게 확대, 7) 정책 대상별 고유과제 등을 제시하였다.

② 2007년 다문화가정 자녀 교육지원 계획

2006년 1년간 전국 97개교에서 858명의 다문화가정 학생들에게 방과 후에 한국어를 가르쳤으며 10개 교육청에서는 한국문화이해 및 체험활동 프로그램(17개)이 실시되었다. 이러한 사업추진 과정에서 1) 중앙-지방간 역할분담 지원체제 미흡, 2) 학교 중심의 다각적인 관련 시책 부진, 3) 일반인의 다문화 이해 증진 대책 미약, 4) 지역단위 역량 결집 미흡, 5) 전문적인 지원체제 부재 등의 문제점이 드러났다. 그래서 2007년의 계획에서는 이에 대한 대책의 기본 방향을 관련 정책 및 사업의 체계적인 관리로 설정한 후, 사업 내용을 학교 중심의 다문화교육 강화로 정하고 추진 및 지원체제를 다각적으로 협력하고 전문성을 제고하고자 하였다. 또 향후 추진사업으로 서울대학교 내에 '중앙다문화교육센터'를 설치 · 운영하고 다문화가정 자녀교육 지원공모사업을 시행할 것을 밝혔다(이경희, 2011).

③ 2008년 다문화가정 학생 교육지원 방안

매년 단년도 계획을 수립하여 추진해왔던 것과 달리 20008년도 방안은 교육과학기술부가 종합적이고 체계적인 기본계획을 세우고, 시 · 도교육청이 각 지역의 여건과 우선순위에 따라 세부 실행계획을 세움으로써 급증하는 다문화가정 학생의 교육 수요를 고려하여 중앙과 지방이 함께 대책을 마련하려는 취지에서 나왔다. 지원 방안에는 1) 다문화가정 유아와 초등학생의 한국어, 기초학력 향상 지원 2) 다문화가정 학부모와 자녀교육 역량 강화 지원 3) 다문화교육 기반 구축 4) 다문화이해 제고 및 확산 등의 4대 정책과제와 14개 세부 실행과제가 제시되어 있다. 이 지원방안에서 볼 수 있는 가장 큰 변화는 기존의 지원 대상을 초등학생에서 유치원생으로 낮추었다는 데 있다. 이에 따라 서울, 경기, 부산 등 9개 지역에서 유치원에 다니지 않는 취학 전 이민자가정 자녀들은 인근 유치원에서 주 3~4회의 언어 · 인지 · 사회 · 정서 발달지원 교육을 받을 수 있게 되었고, 초등학생의 경우 언어 · 인지능력 진단 결과 한국어 능력과 기초학력이 부족한 경우는 방과 후 수준별 보충교육을 받을 수 있게 되었다.

④ 2009년 다문화가정 학생 교육지원 계획

2009년도 계획은 최근 급증하는 다문화가정 학생의 특성을 고려한 맞춤형 교육 지원이 필요하고 교사, 일반학생 및 학부모들의 다문화가정의 인식 개선 필요성에서 수립되었다. 추진 내용에는 1) 다문화교육 기반 구축 2) 현장 중심의 맞춤형 교육지원 3) 다문화 이해 교육 강화 등이 제시되어 있다. 이 계획은 학교 및 지역 단위에서 여건에 맞는 교육을 실시하고 효과를 높일 수 있도록 다문화교육 지역 협의체를 구성 · 운영하도록 하고, 교대 등 관련기관과의 연계 · 협력을 강화하는 체계를 마련하는 데 중점을 두고 현장 중심의 교육 수요 발굴 및 지원 활성을 추구하고 있다. 이 계획으로, 중앙다문화교육센터에서는 다문화교육 관련 교재 및 프로그램을 연구 · 개발했고, 다문화 이해교육 콘텐츠가 개발되었으며, 다문화가정을 위한 평생교육 프로그램이 개발되어 시범적으로 운영되었다. 또한 예비교사의 다문화 이해를 위해 초등교원 양성대학에 '다문화교육 강좌'를 개설하고 다문화 학습동아리 운영을 지원하였으며, 교육대학생 3,457명이 다문화가정 학생 멘토링 활동에 참여하였다.

⑤ 2010년 다문화가정 학생 교육지원 계획

2009년도의 맞춤형 다문화교육 지원사업의 폭을 더욱 넓혀, 2010년에는 '배움과 이해로 함께 살아가는 다문화사회 구현'이라는 비전 아래 다문화가정 학생 교육지원 계획이 발표되었다. 이 계획은 "최근 결혼이주자와 외국인 근로자' 등이 급증함에 따라 우리사회 구성원의 언어 · 문화적 배경이 다양해지고 이에 따라 다문화가정 학생 수도 급증하게 됨으로써 이들의 언어 · 문화적 격차를 해소하고 주류사회 구성원으로서 성장하도록 지원하기 위하여 다문화가정 학생의 특성을 고려한 맞춤형 교육지원 및 일반학생의 다문화 감수성 제고를 위한 다문화 이해교육을 활성화시키고 다문화 인식 개선을 위한 교사연수를 강화할 필요가 있다"는 데서 나왔다.

이 계획은 1) 다문화가정 학생의 교육격차 해소 2) 다문화가정 학부모의 역량 강화 3) 다문화교육 기반 강화 및 다문화 이해 확산을 목표로 하고 있다. 추진전략으로는 1) 학습단계별 · 대상별 특성에 따른 맞춤형 교육, 2) 유아, 동반 · 중도입국 자녀 등 취약 분야 교육 지원 확대 3) 기관간 역할 분담 및 지역 내 관련기간 관 연계 강화 4) 다문화가정의 강점을 살릴 수 있는 지원 활성화를 들고 이를 위한 세부과제로 1) 다문화가정 학생 맞춤형 교육지원 2) 교사의 다문화교육 전문성 제고 3) 다문화가정 학부모 지원 · 활용 4) 다문화가정 유아교육 지원 5) 동반 · 중도입국 자녀 교육 지원 6) 다문화교육 기반 및 지원체제 강화를 제시했다.

⑥ 2012년 다문화가정 학생 교육지원 계획

2012년 교육부는 모든 학생이 다양성을 이해하는 창의적인 글로벌 인재로 성장할 수 있도록 하는 취지의 '다문화 학생 교육 선진화 방안'을 발표하였다. 이 정책의 배경은 1) 외국인주민과 그 자녀의 급격한 증가에 대비하여 다문화 학생이 우리 사회의 소중한 인재로 성장할 수 있도록 '학교'가 중심이 되어 재능을 살리고 부족한 부분은 지원하며, 학교폭력이나 따돌림 등 위험에 노출되지 않도록 노력하고 2) 다문화 학생의 성장배경이 다양화됨에 따라 가정 생성배경(국제결혼 · 외국인가정), 학생의 출생지(국내 · 국외) 및 거주지(도시 · 농촌), 부모의 국적, 학교 급(초 · 중 · 고) 등 다문화 학생의 특성에 따라 서로 다른 교육지원 수요를 체계적으로 분석하고 이에 따른 맞춤형 교육 지원을 강화하며 3) 다문화 학생 교육을 함께 지원하는 정부부처, 지자체, 시 · 도교육청, 민간 차원에서 다양하게 추진하고 있는 다문화가정 지원 정책을 유기적으로 연계하여

그림 4 2012년 다문화가정 학생 교육지원 정책

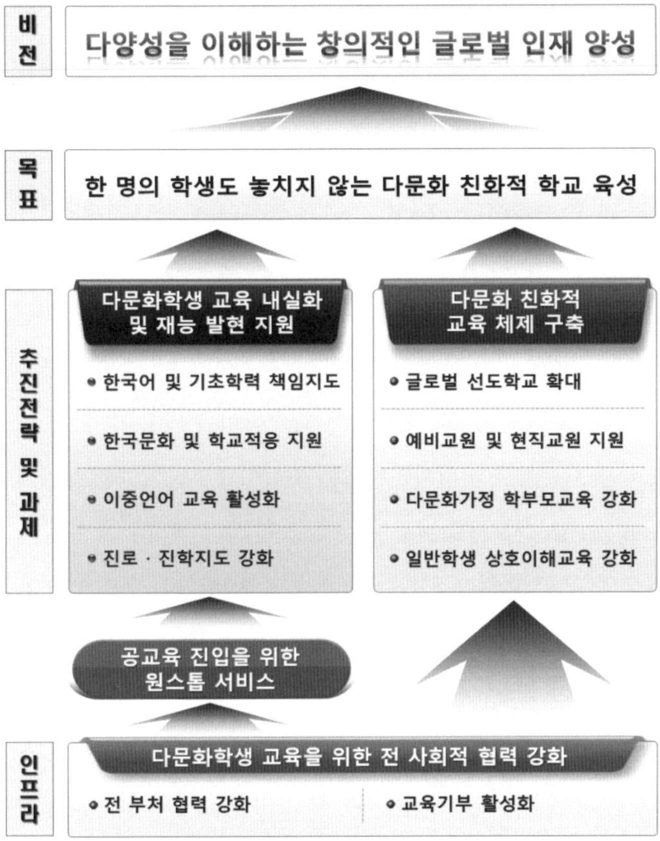

다문화학생에 대한 교육 정책의 효과를 제고하고자 하였다.

구체적 정책은 1) 다문화 학생 공교육 진입 지원을 위한 예비학교 및 다문화코디네이터 운영, 2) 한국어 교육과정(KSL) 도입 및 기초학력 책임 지도 강화, 3) 다문화 학생과 일반학생이 함께 배우는 이중 언어 교육 강화, 4) 다문화 학생 진로 · 진학 지도 강화, 5) 다문화 친화적 학교 환경 조성, 6) 일반학생과 학부모에 대한 지원 강화이다.

⑦ 2013년 다문화 학생 교육지원 강화를 위한 초 · 중등교육법 시행령 개정

2013년 10월 다문화 학생 교육지원 강화를 위한 초 · 중등교육법시행령개정안이 국무회의에서 의결되었다. 개정안은 다문화 학생의 취학률을 높이고 학교 조기 적응을 지원한다는 취지를 담고 있다.

개정안의 의결로 학력증명서를 발급받기 어려웠던 다문화 학생도 학력심의위원회의 심의대상에 포함되어 학력심의를 받을 수 있게 되었다. 그간 교육감 소속의 학력심의위원회는 북한이탈주민에 한해서만 학력인정 심의를 실시해 왔다. 학력증명 서류를 갖추기 어려운 중도입국 학생 등은 입국 후 학력 단절에 처하는 경우가 많았다. 입국 전의 학력을 인정받지 못해 초 · 중 · 고등학교에 입학하거나 편입하는데 어려움을 겪던 다문화 학생들의 학습권을 보장하기 위한 조치라 할 수 있다.

아울러 개정안은 다문화언어강사의 운영 근거를 제공하고 있다. 이는 다문화가정 학생을 대상으로 한 이주 부모 언어 교육이 실시되는 한편 일반 학생을 대상으로 하는 다문화 이해교육이 보다 활성화되는 데 도움이 된다.

⑧ 2014년 다문화 교육 지원 사업

작년 대비 60억 원이 증가한 총 215억 원의 예산을 배정하고 통합 · 육성을 중점으로 한 다문화 학생 지원 사업과 함께 모든 학생을 대상으로 하는 다문화 사업을 실시하였다.

2014년 주요 다문화교육 지원 사업은 아래와 같다.

다문화 학생의 편 · 입학 및 적응 촉진

-중도입국학생 등에게 한국어와 한국문화 적응 프로그램을 집중 제공하는 예비학교를 52개 학교에서 80개 학교로 확대하였다.

-학력서류 구비가 어려운 중도입국 학생에 대해 원활한 학력심의가 이루어지도록 7개 언어의 학력심의 평가지를 개발 · 보급하였다.

-다문화 학생에 대한 한국어 습득 지원을 위해 정규 수업시간, 방과후 학교 등을 통해 KSL(Korean as a Second Language, 제2언어로서의 한국어)을 운영하는 학교를 100개교로 확대하였다.

사회통합을 위하여 모든 학생을 대상으로 하는 다문화교육 활성화

-모든 학생을 대상으로 문화이해교육, 반편견 반차별 교육, 세계시민 교육을 하는 다문화교육 중점학교를 120개교를 지정하여 운영하였다.

다문화 학생의 소질과 재능을 개발하기 위한 사업

-대학생 멘토링 사업 예산을 증가하고 수혜 학생 수를 확대하여 다문화 학생의 기초학력 증진을 지원하였다.

-수학, 과학, 예체능 등에 재능이 있는 다문화 학생을 발굴하여 전문 교육을 실시하는 글로벌 브릿지 사업 운영 대학도 기존 7개 대학에서 10개 대학으로 확대하였다.

-다문화 학생들이 주말이나 방학에 직업교육을 받을 수 있는 '직업교육 지원기관'을 종전 3개에서 10개 기관으로 증편하였다.

-이중언어 재능 육성을 위하여 이중언어 말하기 대회를 개최하였다.

⑨ 2015년 다문화 학생 교육지원

2015년의 두드러지는 변화는 미취학 아동을 대상으로 하여 유치원 단계에서부터 '선제적 맞춤형 교육'을 추구하였다는 것이다. 이를 위해 유치원단계에서부터 언어 및 기초학습을 지원하는 다문화 유치원을 30개소 선정하여 시범운영하였다. 시범 유치원에서는 다문화가정 아동과 일반가정 아동을 통합하여 교육하였으며 필요에 따라 다문화가정 아동의 특성을 고려한 맞춤형 교육을 추가로 제공하였다.

예년에 이어 예비학교를 더욱 확대하고, 멘토링 사업의 규모를 강화하는 한편, 글로벌 브릿지 사업 운영 대학도 2015년 10개 대학에서 17개 대학으로 확대하였다. 직업 교육 지원 기관도 10개 기관에서 15개 기관으로 늘어났다.

교육정책에서 꾸준히 관심을 두고 있는 분야는 일반학생의 다문화 수용도 및 이해도를 함양하기 위한 다문화 이해교육이다. 이를 위해 다문화 중점학교를 150개교 지정 운영하여, 다문화 감수성 제고 교육 및 반편견 교육 등을 실시하였다.

⑩ 2016년

2015년을 기점으로 초등학생 중 다문화 학생 비율이 2%를 넘어섰다. 이에 다문화 학생의 가정 배경, 출생지 등의 개별적 특성을 고려한 지원 방안 모색이 이루어졌다. 아울러 모든 학생들이 다양성을 수용하고 공존할 수 있도록 다문화 이해교육을 확대해야 하는 필요성이 더욱 심화되었다.

교육부는 교육의 출발선 평등을 실현하고 다문화 인재를 양성하는 것

표 4 2015년 다문화 학생 현황

구 분		초 (73%)	중 (17%)	고 (10%)	합계
국내 출생	(83%)	50,279	11,075	6,745	68,099
중도 입국	(8%)	3,988	1,393	880	6,261
외국인가정	(10%)	6,016	1,397	763	8,176
합 계		60,283	13,865	8,388	82,536

을 목표로 하여 1) 맞춤형교육으로 공교육 진입과 적응 지원 2) 다문화 수용성 제고를 위한 다문화 이해교육 확대 3) 효율적 지원을 위한 부처간 협업, 지역내 연계 강화에 중점을 두는 지원 계획을 수립하였다.

공교육 진입과 적응을 지원하기 위해서는 유치원 단계에서부터 지원하는 다문화 유치원의 운영을 확대하였다. 더불어 중도입국학생의 한국사회 적응 및 편 · 입학을 촉진하기 위하여 한국어와 한국문화 적응 프로그램을 집중 제공하는 예비학교를 증설하였다. 다문화 학생의 학교생활 적응 및 학업 성취를 지원하기 위해 대학생 멘토링을 제공하고 교과보조 교재를 개발하여 보급하였다.

일반학생들을 대상으로 하는 다문화 이해교육의 확대를 위해서 다문화 중점학교를 2015년 150개교에서 180개교로 확대 지정하였다. 교사 및 예비 교사를 대상으로 하여 다문화 이해 연수를 실시하고 다문화 학생 지도와 관련한 교육 역량 함양을 위한 연수도 지속적으로 실시하였다. 다문화교육에 대한 정보의 공유와 확산을 위하여 다문화교육 콘텐츠 포털(www.nime.or.kr)을 운영하였다.

다문화 학생의 성장을 지원하기 위하여 법부처 협업 과제를 선정하여 추진하였다. 여가부는 자녀교육, 공교육 진입, 학교생활 및 적응 등에 대한 정보를 다문화가족지원센터 등과 연계하여 다문화 학부모에게 안내하는 사업을 실시하였다. 법무부는 중도입국 청소년의 공교육 진입 및 사회통합을 지원하기 위해 노력하였으며, 문체부는 한국어교육과정 개정에 따른 교재를 개발하는 데 협력하였다.

2) 다문화교육 정책
평가

① 다문화교육 정책의 전개와 특성

2006년 다문화가정 자녀교육 지원정책이 발표된 이후 2008년에는 다문화가정 유아자녀 지원과 이주노동자 자녀의 정책 지원 대상 포함, 2010년에는 일반학생의 다문화이해교육 강화와 예비교사 교육 등으로 다문화교육의 대상과 범위를 점차 확대되고 있다.

이러한 정책의 전개 과정에서 나타난 주된 흐름을 정리하면 다음과 같다. 첫째, 다문화교육의 대상이 확대되고 있다. 초기에 다문화가정 자녀들의 적응에 주로 초점을 맞춘 정책에서 일반학생 및 학부모 대상 다문화이해교육, 다문화교육 교사연수 등으로 확대하는 방식으로 변화하고 있다. 둘째, 경제적 지원 등 단기적 시혜 중심 정책에서 다문화가정 자녀의 역량을 강화하는 정책으로 변화하고 있다. 이는 다문화가정 자녀에 대한 시각을 온정주의 관점에서 글로벌 인적자원의 관점으로 전환하고 있는 것으로 평가된다. 셋째, 중앙부처 중심의 직접적 지원정책에서 지역사회

네트워크를 통한 간접적인 지원정책으로 전환하고 있다. 지역사회거점 지원센터를 지원하고 지역의 환경에 기반한 서비스의 확대를 강조하는 등 수요자 중심 맞춤형 다문화 교육지원으로 지역사회 환경에 적합한 다문화교육정책을 실시하는 방향으로 전환하고 있다(이민경, 2010).

앞으로의 다문화교육 정책은 목표, 관점, 대상을 사회구성원의 요구를 심도 있게 받아들여 이루어져야 한다. 문화 간 차이 및 다양성의 양상과 가치의 이해를 바탕으로 다양한 문화 집단의 감수성과 존중하는 태도를 길러 다문화 시민성 함양의 목표를 지향할 수 있는 교육 정책이 필요하다.

② 다문화교육의 관점

이주민의 증가로 이루어지는 다문화사회는 다양한 문화의 접촉과 이해를 바탕으로 하는 다문화가 존재하는 사회이다. 다문화교육 정책 연구학교의 다문화교육 프로그램을 보면 각국의 다양한 문화체험으로 구성된 경우가 많은데 이는 다문화 시민 교육이 문화에 기반을 둔 관점으로 구현되고 있다는 것을 보여주고 있다.

그러나 2006년부터 시작된 우리나라 다문화교육 정책은 기존에 소외되어 온 다문화가정 자녀에 대한 온정주의 관점에 많은 부분을 기반하고 있다. 이러한 관점은 다문화가정 자녀들의 특성을 경제적인 열악함, 문화 부적응과 학습능력 부족 등으로 규정하면서 경제적 지원과 온정적인 지원을 바탕으로 이들을 마지즌(margizen)으로서 위치를 규정하여 주변화, 타자화시키고 있고 이들을 열등한 존재로 낙인하면서 정책을 한시적 · 시혜적 성격으로 규정할 우려가 있다.

이와 대조적으로 다문화가정 자녀들의 다양한 문화 및 이중 언어 사용의 잠재성에 초점을 두어 글로벌 인재로 양성하고자 하는 방향으로 시행된 정책도 발표되었다. 이들을 글로벌 인적자원으로 보는 관점은 기존의 사회적 비용이라는 낙인을 넘어서 사회적 자원으로 전환시킨 계기가 되었다. 그러나 온정주의의 관점과 마찬가지로 여전히 우리 사회의 실질적 구성원으로 보기 보다는 대상화하는 접근이라는 한계를 갖는다. 또한 이 관점은 다양한 문화적 배경을 가진 학생의 글로벌 인적자원으로의 성장 가능성에는 주목하고 있으나 이들의 현재 지닌 문화적 다양성을 바탕으로 한 세계시민 성장 가능성의 측면에 주목하는 논의는 부족해 보인다.

한편 2007년 이후 다문화가정 자녀들의 정체성 혼란 문제가 부각되면서 교육부는 연구학교 공고에서 이러한 정체성 함양이 주요한 교육프로그램에 포함되어야 할 것을 명시하였고, 이 결과로 2008-2009년 연구학교의 대부분이 정체성 함양을 다문화교육의 목표로 제시하였다. 그러나 교육부의 다문화가정 지원정책에서 제시되고 있는 '정체성'은 자신의 문화와 타인의 문화에 담긴 사회적 관점을 이해하기 보다는 이중 언어 구사 등의 실용적 능력을 배양해 경쟁력 확보를 강조하고 있다. 즉, 정체성을 강조하는 관점은 글로벌 인적자원의 관점과 마찬가지로 매우 도구적 측면이 있는 것으로 판단된다. 이러한 정체성의 관점은 일반학생을 대상으로는 '세계시민'으로서의 정체성을 강조하는 방식으로 표출되고 있다. 그러나 세계시민으로서의 정체성 함양 교육정책은 자문화에 대한 성찰은 생략된 채 단순히 글로벌 인재로서의 국제이해능력의 배양이나 타문화 수용 강조 차원을 넘지 못하는 한계를 보이고 있다.

③ 다문화교육의 대상

다문화교육을 실시하는 궁극 목적 및 방향은 한국에 유입된 이주민만을 위한 것이 아니라 다문화사회로 진입하고 있는 한국사회 구성원 모두를 위한 것이어야 한다. 다문화교육은 다양한 인종 · 민족 및 문화집단과 함께 변화된 사회에서 살아가야 할 시민, 즉 다문화적 시민성의 함양과 연결되어 있다. 현행 다문화교육 정책은 다문화가정 자녀에 국한되어 있던 대상을 이주노동자 자녀, 일반학생, 학부모, 예비교사, 교사 등으로 확대하고 있다. 이민자 유입에 따른 문화적 차이 또는 타문화 이해를 강조하고 있지만, 정규학교 교육과정 속에 소수자 편견에 대한 성찰이나 반인종주의 교육에는 구체적인 언급이 없다. 좁게는 타인종 · 민족 집단 문화 이해를 바탕으로 한 교육 정책이 필요하고, 넓게는 모든 사회구성원을 대상으로 하는 사회적 소수자 인권, 편견 감소 교육 정책이 필요하다.

이러한 문제점은 영유아 대상의 정책에서도 마찬가지로 나타난다. 다문화 관련 정부 정책들에 영유아라는 명칭은 들어 있으나, 구체적인 내용에서는 초 · 중 · 고 학생에 중심을 두어 영유아가 다문화교육 정책에서 주변화되고 있다. 보건복지가족부(2008)의 정책 또한 다문화 가정의 영유아 자녀라는 가족 구성원으로만 다루고 있을 뿐 영유아의 삶과 권리의 보장 차원의 지원 정책은 마련되지 않고 있다. 더 나아가 일반 유아를 대상으로 한 정책은 찾아볼 수 없으며, 내용에 있어서도 인권, 계층, 다문화, 성 등의 폭넓은 영역까지는 다루지 못하고 있었다. 전반적인 정책이 유아의 전인적 성장을 고려하지 못하였고 일반 유아교육과정에 통합하지 못한 한계가 있다.

2009년부터 교육과학기술부가 표방하고 있는 맞춤식 다문화교육이 실현되려면 이주자들의 다양한 배경 및 특성을 파악해야 한다. 결혼이민가정이라도 자녀 구성과 특성이 다르며, 다문화가정의 범주에는 이주노동자가정, 탈북자가정뿐만 아니라 한국사회 전체가 다문화가정이라는 인식이 선행되어야 한다. 따라서 정부의 다문화교육정책은 그 대상을 다문화가정 자녀에 국한하지 않고 우리나라의 다문화 사회 변화를 이끌고 있는 주요 구성원인 외국인근로자 자녀, 북한이탈주민 자녀는 물론, 모든 자녀를 대상으로 확대해야 한다. 이는 다문화교육 정책의 목표가 다문화 시민성 함양이라는 면에서 일반학생의 다문화 시민 교육 필요성을 부각시키는 근거가 된다. 이에 다문화교육의 대상을 다문화가정 자녀에 국한하지 않고 모든 학생의 다문화 시민성 함양에 주목하여 확대하는 정책이 필요하다.

④ 다문화교육 인프라 구축

교육부의 다문화교육 정책 중 지원 및 인프라 구축은 2007년 이후로 지속적으로 강조되고 있다. 2006년 다문화가정 교육지원 대책에서 전문적인 지원체제의 부재라는 문제점이 드러나자 2007년 계획은 지원체제를 다각적으로 협력하고 전문성을 제고하고자 하였고 이에 따라 '중앙다문화교육센터'를 설치, 운영하게 되었다. 2008년 다문화가정 학생 교육지원 방안에서도 다문화교육 인프라 구축을 주된 방안으로 강조하였고, 2009년 계획의 추진내용 역시 다문화교육 인프라 구축과 현장중심의 맞춤형 교육지원을 포함하고 있다. 2010년 계획에도 일반학생의 다문화 감수성 제고를 위한 다문화이해교육 활성화를 강조하면서 다문화교육 인프라 및 지원체제 강화를 제시하였다. 2012년 계획은 다문화 학생 교육을 함께 지원하는 정부부처, 지자체, 시 · 도교육청, 민간 차원에서 다양하게 추진하고 있는 다문화가정 지원 정책을 유기적으로 연계하여 다문화 학생 교육 정책의 효과를 제고하고자 하였다.

그러나 여전히 학교 현장에서는 다문화교육과 관련된 외부 기관 지원의 수요는 있으나, 다양한 인프라가 구축되어있지 않아 어려움을 호소하고 있다. 학교에서는 다문화교육 프로그램 신설 부담, 교육 내용을 점검받을 수 있는 전문기관의 부재, 강사 인력풀 부재, 체험 위주 프로그램 공간의 제한 등으로 어려움을 겪고 있고, 결국 피드백 없는 피상적인 내용 중심으로 다문화 시민 교육 프로그램을 계획, 실행할 수밖에 없는 문제점이 나타나고 있다.

다문화교육 인프라 및 지원체제는 학교 현장에서 직접 다문화교육을 실행하기 위해 지원받을 수 있는 방향으로 구축되어야 한다. 기존의 '중앙다문화센터'가 각종 다문화교육 자료를 제공하는 성격의 외부 인프라라면, 프로그램을 직접 지원받을 수 있고 프로그램 내용에 맞추어 학생들이 직접 체험할 수 있는 공간이 제공되는 성격의 인프라 구축도 필요하다.

2. 학교에서의
다문화 시민교육

학교 다문화 시민 교육은 이주자 및 이주자 2세를 대상으로 하는 다문화가정 자녀교육이나 국제이해교육과 혼동되는 경향이 강한 것으로 나타났다. 다문화 시민 교육은 좁게는 다문화가정 자녀 대상의 한국어, 한국문화교육, 한국화교육, 한국전달교육, 이중언어교육, 귀국학생 적응교육부터, 국제이해교육, 문화상대주의를 구현하는 수단으로 보는 입장 등이 혼재해 있다. 일반학생을 대상으로 하는 다문화 시민 교육의 경우에도 국제이해교육과의 관계를 구분하지 않고, 세계 각국의 문화적 이해를 소개하고 중시하는 내용으로 구성되는 경향이 있다.

1) 학교 다문화교육 프로그램

기본 요소[1]

그림 5 다문화교육 프로그램 기본 요소

1) 김현덕(2010)의 다문화교육의 내용체계 분류 및 Banks(모경환 외 역, 2008)의 다문화교육 6대 목적에서 발췌.

① 문화 간 이해 및 소통

가. 구성요소 및 교육내용

구성요소	교육내용
문화 이해와 문화 간 상호작용 이해	- 세계 각 문화의 특수성 및 문화 간 보편성 이해하기 - 지역의 다문화적 요소와 세계의 다양한 문화의 연계성 이해하기 - 지역사회의 다양한 문화 직접 경험하기 - 모든 문화는 세계문화 형성에 기여한다는 점 이해하기
문화 간 의사소통	- 상대방의 문화에 개방적인 태도 갖기 - 타문화에 존중심 표현하기 - 문화간 표현방식(비언어적 요소 포함)의 차이 이해하기
문화정체성	- 나 자신에 대해 성찰하기(반성적 사고법의 증진) - 긍정적 자아정체성 확립하기(학생의 특성 및 배경을 고려한) - 자아존중감 키우기 - 나와 타인과의 관계, 나와 세계와의 관계에 대한 정체성 형성하기 - 다중 정체성에 대한 이해하기(한국 & 다른 나라)

나. 예시

- ㅇ 스토리텔링을 활용하여 나의 문화를 이야기하고 상대방의 문화 이해하기
- ㅇ 독서논술을 활용한 한국과 세계 각국 문화의 차이점과 공통점 이해하기
- ㅇ 세계문화유산 신문 만들기를 통한 문화의 소중함을 알고 문화 간 이해하기
- ㅇ 나라별의 몸짓 언어(Body Language)를 알고 의미가 서로 다른 몸짓의 차이를 통해 문화 간 표현방식의 차이 이해하기

② 다문화

가. 구성요소 및 교육내용

구성요소	교육내용
다양성의 인정	– 문화(인종, 사회계층, 성, 종교, 이념, 장애 등)의 다양성 이해하기 – 세계에는 나와 다른 여러 다양한 문화가 존재함을 이해하기 – 다양한 배경을 가진 사람들에 대한 긍정적 태도 형성하기 – 문화적 다양성에 대한 긍정적 사고 증진하기 – 한국 사회 내부의 문화적 다양성 이해하기
자민족중심주의 탈피	– 자민족중심주의적 사고 및 행동 파악하기 – 자민족 중심주의의 문제점 인식하기 – 타문화 인정하고 수용하기 – 상반된 세계관 인정하기
다양한 관점의 습득	– 사건, 주제, 문제를 다양한 시각에서 이해하기 – 타문화의 관점에서 자기문화 조망하기 – 소수집단의 관점으로 국내문제 바라보기 – 문화상대주의적인 관점으로 타문화 바라보기 – 지역사회나 국내에서 일어나는 사건을 다양한 시각에서 이해하기

나. 예시

- ㅇ 역할극으로 타인의 감정 이해하기
- ㅇ 미술 작품 감상으로 다양한 관점 이해하기
- ㅇ '소수자 되기'로 새로운 관점에서 생각하기
- ㅇ 다양화되는 한국 사회의 구성원 이해하기
- ㅇ 다양한 나라의 전통예술과 유산을 그 나라 사람의 입장에서 감상해 보기(해당 문화권의 시각에서 감상하고 이해하려는 태도로 자민족 중심주의 탈피)

③ 반편견 · 반차별

가. 구성요소 및 교육내용

구성요소	교육내용
반편견	– 타문화에 대한 편견 및 부정적인 이미지 없애기 – 다문화가정에 대한 편견 및 부정적인 이미지 없애기 – 인종주의적 편견과 차별 없애기 – 이질적 외모에 대한 거부감 및 편견 해소하기 – 성, 장애, 종교 등 다양한 집단에 대한 편견 없애기
평등 · 인권 · 사회정의	– 다문화가정 아동의 인권 존중하기, 아동인권 이해하기 – 다문화사회에서의 아동인권의 중요성 인식하기 – 타인의 권리 존중하기, 우리사회의 소수자 인권 존중하기 – 인간이 평등하다는 가치 형성하기, 인간의 존엄성 인식하기 – 공정성과 사회적 정의 이해하기

나. 예시

o 자신이 가진 고정관념과 편견 또는 차별 당한 경험으로 고정관념과 편견의 부정적인 영향 이해하기

o 인권차별을 다루는 영화를 감상하고 모둠별 토론 활동하기

o 미디어 속에 나타난 다문화에 관한 오해들을 비판적인 관점에서 바라보고, 다문화적 관점에서 새롭게 구성하기

o 모의 장애 체험하기로 장애를 가진 친구들을 이해하고 장애인에 대한 편견해소하기

o 평등한 사회를 만들기 위해 자신이 할 수 있는 일을 자유롭게 토론하기

④ 세계시민의식

가. 구성요소 및 교육내용

구성요소	교육내용
상호의존과 협동심	– 세계의 상호의존체제(경제, 정치, 사회, 생태, 기술적 체제) 이해하기 – 세계문제는 개별국가가 해결하기 어려우며 협력이 필요함을 이해하기 – 지역사회와 세계의 상호의존적인 체제 이해하기 – 서로 도우며 사는 지구촌 생활 모습 배우기 – 다문화가정 아동과 함께 문제해결하기
세계시민	– 나와 세계와의 관계, 세계시민으로서의 역할 이해하기 – 세계시민으로서의 정체성 형성하기 – 국제사회에 기여하고 함께 살아가는 마음 기르기 – 국가주의와 세계주의의 균형 유지하기 – 세계인으로서 폭 넓은 안목 형성하기
세계문제와 지구상황	– 인류의 행복한 삶을 위한 보편적 가치(자유, 평등, 인권 등) 교육 – 국내의 인종, 식량, 인권문제 등이 세계와 연관되어 있음을 이해하기 – 세계적인 전쟁, 난민문제가 국내문제가 될 수 있음을 이해하기 – 세계적인 개발과 환경문제는 국내문제가 될 수 있음을 이해하기 – 이주노동자와 이민자들의 발생 배경과 이들의 문제점 이해하기

나. 예시

- ○ 사회, 과학교과와 연계하여 생태적 관점에서 세계를 이해하기
- ○ 한반도의 분단 상황 및 국제사회에 미치는 영향을 이해하고 평화의 중요성을 깨닫기
- ○ 미술교과와 연계하여 개발도상국의 소외된 90%를 위한 디자인으로 세계시민으로서의 역할 이해하기
- ○ 세계문제 상황을 이해하고 포스터를 제작하여 캠페인 활동하기
- ○ 서로 다른 인종의 협력 사례에서 글로벌 공동체 의식 함양하기

2) 교과중심의 다문화 시민 교육

① 교과 내용 분석

2009 개정 교육과정을 분석한 결과, 각 학교 급 목표와 몇 개 교과(국어, 사회, 도덕, 음악, 미술, 체육, 영어)의 교육과정 내용에서 문화 다양성 요소를 발견할 수 있었다. 그러나 국어, 사회, 도덕 교과에 문화 다양성 요소가 비교적 많아서 교육과정 재구성에서도 세 교과를 중심으로 하는 경우가 많은 것으로 나타났다.

표 5 2009 개정 교육과정과 문화 다양성 교육 목표 및 내용

구분	영역	주요 내용 및 목표
유아	목표	◦ 더불어 사는 태도와 우리 전통문화를 사랑하는 마음을 가진다.
	내용	◦ 나와 다른 사람의 신체적, 사회적, 문화적 차이를 인정하기 ◦ 세계 여러 나라에 대해 관심을 갖고, 서로 협력해야 함을 알기 ◦ 다양한 인종과 문화를 알아보고 존중하기 ◦ 우리나라와 우리 전통문화에 관심 가지기 ◦ 나와 다른 사람의 예술적 표현 존중하기 ◦ 다양한 음악, 춤, 미술작품, 극 놀이 등을 듣거나 보고 감상하기 ◦ 다른 문화의 예술작품에 관심을 가지기
초등	교육목표	◦ 우리 문화에 대해 이해하고, 문화를 향유하는 올바른 태도를 기른다. ◦ 자신의 경험과 생각을 다양하게 표현하며 타인과 공감하고 협동하는 태도를 기른다.
	바른생활 슬기로운 생활 즐거운 생활	◦ 주변에서 볼 수 있는 여러 모습의 가족을 살펴보면서 다양한 형태의 가족과 다양한 가족의 문화가 있음을 알고 나아가서 다문화 가족과 함께 어울려 산다는 것을 이해한다. ◦ 주변에서 볼 수 있는 다양한 가족문화를 소재로 여러 가지 표현을 해 본다. ◦ 우리나라 전통음악, 전통춤 등을 따라해 보고 전통적인 도구나 문양들을 표현해본다 ◦ 이웃나라를 소개하는 문화알리미 놀이를 한다
	사회	◦ 우리나라 또는 다른 나라의 다양한 생활모습 중에 춤, 노래, 축제 등을 찾

구분	영역	주요 내용 및 목표
		아보고 각각의 특징에 대해 비교하여 설명할 수 있다. ◦ 환경적 특성과 관련하여 문화형성의 배경을 이해하고 각기 다른 문화를 존중하는 자세를 갖는다. ◦ 문화는 시간의 흐름에 따라 변화하기도 지속되기도 한다는 것을 사례를 들어 이해할 수 있다. ◦ 문화적 차별과 편견이 나타난 다양한 사례를 조사하고 이것이 가진 문제점에 대해 설명할 수 있다. ◦ 우리나라 인구구성의 변화와 관련하여 나타나는 다양한 현상을 찾아보고 그것의 문제점에 대해 이해한다. ◦ 사회적 소수자에 대한 편견 및 차별 사례를 찾아보고 그 원인을 조사하여 소수자인권 보호방법을 탐구할 수 있다. ◦ 기본적인 인권에 자유권, 평등권, 참정권, 사회권의 개념을 이해하고 인권을 존중하는 태도의 중요성에 대하여 이해할 수 있다.
	도덕	◦ 다문화친구인 다문화가정자녀, 입양아, 북한이탈친구 등에 대한 편견을 극복하고 이들을 존중하는 태도를 갖는다. ◦ 다문화사회에 대한 인식 및 다른 문화에 대한 이해와 존중하는 태도를 갖는다. ◦ 다른 문화에 대한 우리의 편견과 차별을 극복한다. ◦ 다문화사회에서의 올바른 행동방식인 인권존중, 관용, 배려 등과 바람직한 정체성 형성을 위해 노력한다.
	체육	◦ 세계 여러 지역의 전통적이고 고유한 민속표현의 종류와 특징을 이해한다. ◦ 민속 표현 활동에 포함된 다양한 표현방법인 기본움직임, 대형 리듬 등을 익혀 창의적으로 신체활동에 적용한다. ◦ 세계 여러 나라의 민속표현을 개인 또는 모둠별로 창의적으로 표현하고 감상한다. ◦ 민속표현과 감상활동에 참여하면서 민속표현활동에 담긴 여러 민족의 문화적 특성을 인식하는 '다양성'의 개념을 이해하고 이를 적용한다.
	음악	◦ 여러 나라의 동요나 민요를 듣고 따라 부른다. ◦ 학예회, 마을축제 등 생활주변의 문화 행사를 관심을 갖고 찾아본다.
	미술	◦ 미술 작품을 감상할 때, 성, 인종, 민족, 지역, 시대, 양식별로 비교 감상하고, 문화적 다양성과 차이를 이해한다.
	영어	◦ 영어권 및 비영어권의 다양한 문화를 이해할 수 있다.
	창의적 체험활동 목표	◦ 타인에 대한 이해를 바탕으로 나눔과 배려를 실천함으로써 공동체 의식과 세계 시민으로서 갖추어야 할 다양하고 수준 높은 자질 함양을 지향한다.
중학교	교육목표	◦ 자신을 둘러싼 세계에 대한 경험을 토대로 다양한 문화와 가치에 대한 이해를 넓힌다. ◦ 다양한 소통능력을 기르고 민주시민으로서의 자질과 태도를 갖춘다.
	국어	◦ 개인이나 집단이 살아온 역사, 문화, 정서 등에 따라 듣기와 말하기의 방식이 다양하게 달라질 수 있음을 이해한다. ◦ 작품에 등장하는 인물의 말과 행동, 인물들 간의 관계, 다양한 사건 등을

구분	영역	주요 내용 및 목표
		통해 사회 · 문화 · 역사적 상황을 파악하도록 하며 이를 바탕으로 작품 전체의 의미를 파악할 수 있도록 한다.
	도덕	◦ 다른 사람을 목적으로 대우한다는 의미에서 타인 존중의 진정한 의미를 이해한다. ◦ 타인을 인간답게 대우하기 위해서는 상대방의 필요에 대한 관심, 배려, 경청, 예의, 인내, 관용과 과도한 경쟁심 및 분노의 통제 등이 필요하다는 인식을 바탕으로 자신의 모습을 도덕적으로 성찰한다. ◦ 다문화사회에서 발생하는 다양한 도덕문제에 대해 판단하고 역할채택, 배려, 관용, 공감적 이해를 통해 편견 및 차별을 극복하려는 태도를 지닌다. ◦ 인간존엄성과 보편적 인권을 기반으로 타문화 및 자문화를 성찰하려는 태도를 지닌다.
	미술	◦ 현대 사회에서 서로 다른 집단이나 사회의 시각 문화를 비교함으로써 생활양식과 사고방식의 차이를 안다. ◦ 다양한 문화권 미술의 시대별 표현 양식, 미술 사조, 배경 요인 등을 조사하고 미술의 변천 과정을 통해 미술과 사회의 관계를 이해한다. ◦ 타 문화권과의 교류를 통해서 한 사회의 미술이 변화하고 발전하는 과정을 이해한다. ◦ 미술 작품과 문화적 배경을 분석하여 각 나라의 전통 미술 문화가 가지는 의미와 가치를 이해한다.
	사회	◦ 세계화가 지역의 문화에 미치는 다양한 영향을 사례를 통해 이해하고 그 의미를 논의할 수 있다. ◦ 세계에는 다양한 문화가 존재함을 파악하고 문화의 지역차가 발생하는 이유를 지역의 자연환경, 경제 · 사회적환경, 문화전파의 관점에서 이해한다. ◦ 문화의 의미와 특징을 이해하고, 다양한 문화를 이해하고 존중하는 태도를 가진다.
	영어	◦ 학생들의 기본적인 일상 영어에 대한 이해와 함께 외국의 문화를 이해하고, 외국 문화를 바르게 이해하고 세계인으로서의 자질과 소양을 길러 줄 수 있도록 한다.
	음악	◦ 역사 · 사회적 맥락 속에서 시대에 따른 음악의 특징에 대해 이야기한다.
	체육	◦ 다른 나라의 여가 문화의 차이를 이해하고 열린 마음으로 받아들이고 존중하는 개방성을 기른다.
	창의적 체험 활동 내용	◦ 동아리 활동: 문화 예술 활동, 다문화 탐구활동(학술) ◦ 행사활동: 해외문화체험 ◦ 봉사활동: 다문화가정 학생 돕기

표 6 사회, 도덕 교과 중심의 다문화 교육 내용

학년	교육과정	
	지리	일반사회
초등3	(6) 다양한 삶의 모습 ② 고장, 지역, 국가의 서로 다른 학생들의 문화를 알아보고 유사성과 차이점을 조사한다. ⑥ 서로 다른 문화를 이해하고 포용하려는 태도를 가진다.	
초등4	(1) 우리 지역의 자연환경과 생활 모습 ③ 우리 지역의 인구, 자원, 산업, 문화 등에 관한 지리적 정보를 조사하여 인문적 특성을 이해한다. (5) 여러 지역의 생활 ⑦ 촌락의 생활 모습과 문제점을 이해하고 해결 방법을 알아본다.	(6) 사회 변화와 우리 생활 ③ 우리나라 인구 구성의 변화에 따른 다양한 사회 문제를 이해한다. ⑥ 생활 방식의 다양성을 이해하고, 사회적 약자와 소수자 권리의 중요성을 이해한다.
초등6	(5) 세계 여러 지역의 자연과 문화 ④ 다양한 인종, 민족, 국가로 구성된 세계는 교통 · 통신의 발달에 따라 지구촌화되고 있음을 이해한다. ⑥ 세계 여러 지역의 문화적 다양성을 이해한다.	(4) 우리나라의 민주정치 ④ 인권을 존중하는 태도를 기른다. ⑥ 관용, 대화, 타협, 절차 준수 등 일상생활에서 민주주의를 실천하는 태도를 기른다. (6) 정보화, 세계화 속의 우리 ③ 세계화의 다양한 모습을 이해하고, 우리 삶의 변화를 이와 관련지어 파악한다. ④ 세계화와 관련하여 우리 문화의 고유성을 인식하고, 민족 문화의 세계화를 위한 방안을 창의적으로 모색한다.
중학 도덕 (2009 개정)	**2. 우리 · 타인과의 관계** (2) 타인 존중의 태도 도922. 좋은 삶을 영위하기 위해 참된 친구와의 사귐이 중요함을 이해하고, 친구와 좋은 관계를 맺고 우정을 키워 나가려는 태도를 지닌다. 또한 성과 사랑에 대한 바람직한 이해를 바탕으로 남녀 모두가 인격체로서 상호 존중하고 협력하려는 태도를 지닌다. 이를 위해 학교 등 공동체 생활에서 발생하는 친구 사이의 갈등 문제의 원인을 분석하고, 친구와 우정을 쌓아 가는 방법과 갈등을 예방 · 해결할 수 있는 방법을 제시한다. 아울러, 이성 교제와 동성 친구와의 교제의 차이점과 이성 교제	

<table>
<tr><th rowspan="2">학년</th><th colspan="2">교육과정</th></tr>
<tr><th>지리</th><th>일반사회</th></tr>
<tr><td></td><td colspan="2">
에 책임이 따르는 이유를 살펴보고, 일상생활에서 이성 친구에 대한 예절을 지키는 방법을 제시한다.
(4) 이웃에 대한 배려와 상호 협동
도924. 공동체 속에서 함께 살아가는 사람들을 배려하고, 이들과 더불어 화목하게 살아가는 지혜를 추구하며, 이웃을 배려하는 실천 방법을 익힌다. 이를 위해 이웃을 배려하고 봉사하며, 타인과 더불어 살아가면서 상호 협동하기 위한 구체적인 방법과 사례를 열거한다.
(5) 타인 존중의 태도
도925. 다른 사람을 목적으로 대우한다는 의미에서 타인 존중의 진정한 의미를 이해하고, 자기 존중과의 관계를 상호보완적인 차원에서 파악한다. 또한 타인을 인간답게 대우하기 위해서는 상대방의 필요에 대한 관심, 배려, 경청, 예의, 인내, 관용과 과도한 경쟁심 및 분노의 통제 등이 필요하다는 인식을 바탕으로 자신의 모습을 도덕적으로 성찰한다.

3. 사회 · 국가 · 지구 공동체와의 관계
(1) 인간 존엄성과 인권
도931. 인간 존엄성과 인권이 보편적 가치임을 이해하고, 사회적 약자의 고통과 불행에 대한 공감을 바탕으로 소외받는 이에 대한 배려와 보호의 당위성을 깨달아 내면화한다. 또한 성에 대한 편견을 극복하고, 양성의 상호 보완성을 바탕으로 상호 존중받을 수 있도록 실천하려는 태도를 지닌다.
(2) 문화적 다양성과 도덕
도932. 다문화 사회에서 발생하는 다양한 도덕 문제에 대해 자기 주도적으로 탐구하고 성찰함으로써 문화적 편견 및 차별을 극복할 수 있는 인성 핵심 역량, 즉 역할 채택, 배려, 관용, 공감적 이해 등의 태도를 지닌다. 또한 인간 존엄성과 보편적 인권을 기반으로 타 문화 및 자 문화를 성찰하려는 태도를 지닌다.
(8) 세계화 시대의 우리의 과제
도938. 세계화 시대에 한국인으로서의 정체성의 원천을 '효, 선비 정신, 풍류 정신, 국난 극복 정신, 평화 애호, 자연 애호' 등과 같은 정신적 · 도덕적 가치의 측면에서 파악하고, 이를 바탕으로 세계 속의 한국인의 역할과 과제를 인식한다. 또한 지구 공동체의 구성원으로서 경제 및 사회 정의, 지구 환경 보호, 문화적 다양성, 평화의 문제 등 오늘날 지구 공동체가 처한 상황을 어떻게 개선할 것인가에 대해 자
</td></tr>
</table>

학년	교육과정	
	지리	일반사회
	신의 입장을 정립한다.	
중학 사회 (2009 개정)	(지리영역) (8) 문화의 다양성과 세계화 사91081. 세계에는 다양한 문화가 존재함을 파악하고, 문화의 지역차가 발생하는 이유를 지역의 자연환경, 경제 · 사회적환경, 문화 전파의 관점에서 이해한다. 사91082. 세계화에 따른 문화의 획일화와 융합 사례를 찾고, 세계화에 따라 문화적 갈등이나 문화적 창조가 나타남을 사례를 통해 이해한다. 사91083. 서로 다른 문화가 갈등하거나 공존하는 지역 사례를 찾아보고, 다른 문화를 존중하는 자세를 가진다. (일반사회영역) (2) 문화의 이해와 창조 사92021. 문화의 의미를 이해하고, 사례 분석을 통해 문화가 가지는 특징을 제시할 수 있다. 사92022. 문화를 바라보는 여러 가지 태도의 특징을 비교 분석하고, 다른 문화들을 이해하기 위한 바람직한 태도를 가진다. (9) 인권 보장과 법 사92091. 인권 보장의 역사적 전개 과정을 이해하고, 인권 보장을 위한 장치로서 헌법의 의의를 인식한다.	

3) 교과 연계 다문화교육 프로그램

(1) 단일 교과 중심 프로그램

① 목적 및 방향

학교에서 가장 쉽게 접근할 수 있는 다문화교육 유형은 단일 교과의 교육과정 내 다양한 문화 소재를 추출하여 추가, 보완, 대체하는 것이다. 각 교과목 내용 중 다양한 문화 관련 소재를 비교적 단순하게 구성하여 교과 흥미를 유발시키고, 자연스럽게 다문화 감수성을 증진시킬 수 있으며, 학교 현장 및 지역 여건을 고려한 다양한 교수법을 활용한 교과연계 교육프로그램으로 개발이 가능하다.

표 7 교과별 다문화이해 교수-학습 방법 구안 및 적용 절차(예시)

다문화 지도요소에 따른 차시별 통합적 경험학습 제재 선정	⇨	교과별 대단원 관련 다문화 지도계획수립	⇨	본시 교수-학습 과정안작성	⇨	다문화 교수학습 방법 적용을 위한 학습보조자료개발	⇨	다문화감수성 함양교수학습 방법 실제적용

② 프로그램 예시

다양한 문화 교육을 위한 교과 교수-학습 과정안 구안은 주로 세 유형으로 구성되어 운영되고 있었다.

가. 추가형: 교과교육 목표와 다문화교육이 직접적으로 관련이 있는 경우나 우리의 문화와 관련되면서 다른 나라의 문화적인 내용을 추가하여 가르치는 경우

나. 보완형: 교과교육 내용 중 일부에 다문화교육 내용을 보완하여 교육과정을 구성하는 경우. 이 경우 교과 교육 내용 요소 간의 관련성을 잘 살피고 그 안에 다양한 문화의 내용을 어떻게 적절하게 보완해야 할 것인지 고려하기

다. 대체형: 교과교육 내용의 일부를 다문화교육 내용으로 대체하여 교육과정을 구성하는 경우

표 8 교과교육을 통한 다문화 감수성 이해하기 프로그램

교과	단원	차시	학습주제	다문화 관련내용	다문화 교육요소	지도 유형
국어	8. 함께하는 세상(읽기)	1/3	◇ 전기문의 특성생각하며 글 읽기	· 다른 국가 인물의 전기문을 읽고 전문가 협동 학습하기	문화이해	대체형
도덕	1. 최선을 다하는 삶	2/3	◇ 최선을 다하는 삶을 읽고 느낀 점 발표하기	· 다른 국가에서 성실한 삶을 산 인물 소개하고 자신의 느낀 점 발표하기	정체성 함양	보완형
사회	Ⅰ-5. 통일신라와 발해 사람들	16/18	◇ 통일신라의 불교문화재를 통해 생활모습 알아보기	· 아시아 국가에 세계문화유산으로 등록된 문화유산 알아보기	문화이해 정체성 함양	추가형
체육	4. 표현활동	2~3/8	◇ 필리핀의 티니클링 춤추기	· 필리핀의 문화를 이해하고 티니클링 유래 알아보기	다양성	추가형
영어	5. Where is Gyeongbok Goong?	6/6	◇ 우리나라의 유적지에 대해 묻고 답하기	· 우리나라의 유적지와 유사한 다른 나라의 유적지 알아보기	문화이해 다양성	추가형

(2) 스팀(STEAM)[2] 교육을 활용한 다문화교육 프로그램

① 목적 및 방향

학교교육에서 창의력 향상이 강조되면서 이를 목표로 다양한 교과를 융합한 STEAM 모형을 중심으로 한 다문화교육 프로그램도 구성되었다. 우선 핵심역량인 생태학적 세계관, 사회적 책임감, 글로벌 시민의식, 공감과 배려, 도덕적 민감성, 다양성의 개방 등을 추출한 후 이를 미술 교과와 재구성한 프로그램으로, 〈나〉를 통한 책임 및 시각화 능력 배양 프로그램, 〈너〉를 배려하며 다양성 인정하기 프로그램, 〈우리〉가 함께 하는 의사소통이 즐거움을 느끼기 위한 내용으로 구성되어 있다.

---

2) 스팀(STEAM)교육은 'Science(과학)', 'Technology(기술)', 'Engineering(공학)', 'Arts(예술)', 'Mathematics(수학)'을 가리키는 말로 '융합교육'이라고 함.

② 프로그램 예시

표 9 STEAM 교육을 활용한 다문화교육 프로그램: <나>, <너>, <우리>

대주제	순서	핵심역량 (창의/인성)	프로그램명	주제	STEAM 요소	주된 생각도구
소중한 〈나〉	1	시각화 능력/ 책임, 자아 존중감	소중한 나를 만나다	나를 소중히 여기는 마음으로 내 이름 디자인하기	S: 소중한 우리 몸과 생명 T: 특색을 살린 문자 디자인 M: 여러 가지 도형 E: 재료의 다양성	형상화, 관찰
	2		자화상과 액자가 만나면	나의 자화상을 그려보고 나를 표현할 수 있는 액자 꾸미기		
〈너〉를 배려하며	3	다양성, 몰입, 유추/ 배려, 공감	동물친구, 식물친구	재활용 나무를 이용하여 사라져가는 멸종위기의 동식물 표현하기	S: 1. 기후 변화에 따른 멸종 위기의 동식물 살펴보기 2. 자석과 자기장 T: 제기의 구조와 원리 E: 한지와 자석을 이용하여 만들어 보기	감정이입, 유추, 놀이
	4		국적은 달라도 너와 나는 친구	한지를 이용하여 제기 만들어 신나게 놀아보기		
함께하는 〈우리〉	5	즐거움, 비판적 사고/ 의사소통 배려, 공감	소외된 90%를 위한 디자인감상	소외된 90%를 위한 디자인 감상하고 자신의 생각 표현하기	S: 지층, 물의 소중함, 환경과 생태계 T: 간이정수기의 구조 M: 비율 E: 재활용품을 이용한 간이정수기 물통 만들기	감정이입, 통합
	6		도전! 착한 디자인	아프리카 친구들을 위한 간이정수기 물통 만들기		

(3) 특정 교과 중심 재구성 다문화 시민 교육 프로그램(국어, 사회)

① 목적 및 방향

다문화교육 내용요소가 높은 비율로 포함된 국어와 사회교과를 중심으로 수업을 재구성한 프로그램도 시행되고 있다. 초등 4학년부터 6학년까지의 교과서(국어, 사회)를 분석하여 다문화교육 차원의 자료의 실태를 검토한 후 교과 특성을 고려하여 개발한 프로그램으로, 별도로 제작한 동영상을 활용하여, [동기유발 동영상 → 학습활동지]의 순서로 진행된다.

표 10 차시별 교수학습법

01. 여러 나라의 공부하는 방법
02. 다양한 가족
03. 낯선 환경, 낯선 체험
04. 어린이 인권
05. 비슷하면서도 다른 동화
06. 같은 행동, 다른 뜻
07. 미인에 대한 다른 생각
08. 세계의 속담
09. 세상을 바라보는 다른 눈
10. 행운을 가져다주는 상징물

② 프로그램 수업 활동 예시

표 11 국어, 사회 교과 중심 재구성 프로그램 개요

차시	04. 어린이 인권
학습 목표	① 인권의 개념과 중요성을 이해한다. ② 어린이 인권의 종류를 알고 자신과 다른 어린이의 인권을 지키기 위해 노력한다.
연계 단원	• 국어과 4학년 1학기 읽기: 8. 같은 말이라도, 154쪽-160쪽. • 사회과 4학년 2학기: 3. 사회 변화와 우리 생활, 128-133쪽, 131-133쪽. • 국어과 5학년 1학기 읽기: 2. 정보의 탐색(사라, 버스를 타다) 47-54쪽 8. 함께 하는 세상, 170-174쪽. • 국어과 5학년 2학기 읽기: 2. 사건의 기록(검정 풍선), 42-45쪽. • 사회과 5학년 1학기: 1. 하나 된 겨레, 23쪽. 2. 다양한 문화를 꽃피운 고려, 69쪽. • 사회과 6학년 2학기: 1. 우리나라의 민주정치(인권의 의미와 발달과정), 30-31쪽, 38-45쪽, 1-3.인권과 인권보호, 38-44쪽 3. 정보화, 세계화 그리고 우리, 100-103쪽.
집필 의도	인권은 모든 사람이 누려야 할 기본적 권리이다. 우리나라가 점점 다문화사회가 됨을 생각할 때 외국인이나 다문화배경 사람들의 인권 등 인권 문제에 더 많은 관심을 가져야 한다. 인권은 다소 어려운 개념일 수 있기 때문에 학생들은 어린이 인권에 대해 먼저 이해하고 생각해 보는 것이 중요하다. 따라서 학생들은 자신이 어린이 인권을 제대로 누리고 있는지를 돌아보고, 인권을 누리지 못하는 어린이를 돕고자 하는 태도를 지닐 필요가 있다.
지도상의 유의점	① 인권은 추상적인 개념이기 때문에 학생들과 관련 있는 구체적 사례를 통해 인권에 접근하도록 한다. ② 학교 폭력이 사회적 문제로까지 확대되는 것을 고려할 때, 학생들이 인권이 자기와 무관한 것이라고 생각하거나 인권의 중요성을 간과하지 않도록 지도해야 한다. ③ 인권에 대해 이해하는 것에 그쳐서는 안 되며, 학생들이 자신에게 주어진 다양한 인권을 충분히 누리려고 하는 자세와 인권을 누리지 못하는 친구들을 돕고자 하는 자세를 지니도록 지도한다.
동영상 내용 요약	살구색 크레파스의 명칭 변경 및 돼지고기를 먹지 않는 종교를 가진 학생의 사례를 통해 '인권'의 개념과 중요성에 접근한다. 그리고 어린이 인권에는 '생존권', '보호권', '발달권', '참여권'이 있음을 소개하고 어린이 인권을 제대로 누리지 못하는 어린이들이 있음을 이해시킨다. 끝으로 자신을 비롯한 모든 어린이들이 어린이 인권을 충분히 누리기 위해 노력하며 도전한다.
주요 어휘 풀이	• 인권: 인간으로서 당연히 가지는 기본적 권리 • 생존권: 영양이 풍부한 음식을 먹을 권리와 병원에서 치료 받을 권리 • 보호권: 차별로부터 보호받을 권리와 여러 가지 폭력으로부터 보호받을 권리 • 발달권: 좋은 교육을 받을 권리와 여가 생활을 누릴 권리 • 참여권: 자신의 생각을 자유롭게 표현할 권리와 평화적인 모임에 참여할 권리

표 12 학습 활동지 예시

(도입 질문)

1. 여러분은 다른 사람으로부터 차별받은 적이 있나요? 언제, 어떻게 차별받았나요? 그때 기분은 어땠나요?

〈예시 답안〉

–키가 작다는 이유로 체육 시간에 하는 농구 시합에 나가지 못했어요.

–지방에서 전학 왔다는 이유로(사투리를 쓴다는 이유로) 친구들에게 놀림을 받았어요.

–동생과 싸우면 형이라는 이유로 엄마에게 더 혼이 났어요.

–여자라는 이유로 바지 대신에 치마를 입어야 했어요.

(적용 질문)

2. 다음의 어린이 인권과 관련된 그림을 연결해 보세요.

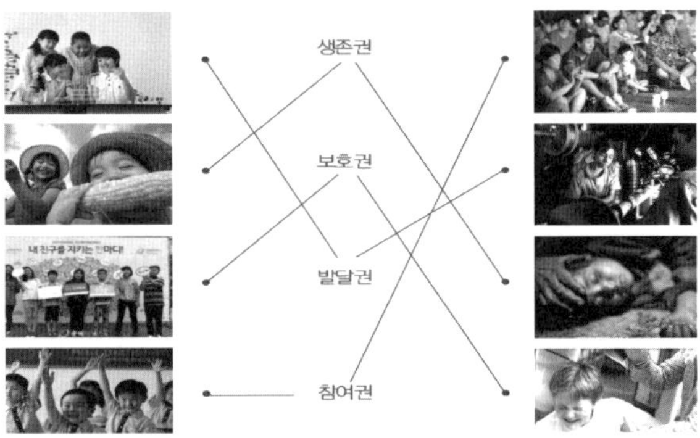

(확장 질문)

3. 우리 주변에 인권을 제대로 누리지 못하고 있는 사람들은 누가 있을까요? 그들을 돕기 위해서 국가에서 할 수 있는 노력과 내가 할 수 있는 노력에는 무엇이 있을지 적어 봅시다.

인권을 제대로 누리지 못하는 사람들	병원에서 치료 받지 못하는 어린이
국가에서 할 수 있는 노력	내가 할 수 있는 노력
–국가에서는 가난하여 병원 치료를 받지 못하는 어린이들을 위해 병원비를 대신 내 주어야 한다.	–우리 반에 가난해서 병원에 다니지 못하는 친구들은 없는지 관심을 갖는다. –치료 받지 못하는 어린이들을 위한 모금 행사에 참여한다.

(4) 주제 중심 교과 재구성 프로그램

① 목적 및 방향

초등학교 교과에서 다루는 주제 중심으로 교과 내용을 재구성한 프로그램도 운영되고 있다. 주제를 중심으로 관련 단원을 추출하여 교과의 내용과 연계하는 방식으로, 다문화 학생과 일반학생이 다양한 가치와 문화를 편견 없이 받아들이는 태도를 함양하고 세계화 시대의 일원으로 다양한 사람들과 서로 원활히 소통할 수 있도록 성숙한 시민의식을 함양하는 것을 목적으로 구성되었다.

표 13 각 주제별 교과 단원 및 학습 목표

학습주제	재구성 단원 및 학습목표
[지구촌, 세계]	6학년 도덕 10장 평화로운 지구촌 6학년 사회 2장 세계를 한 눈에, 지구촌 속의 우리나라 5학년 도덕 10장 우리 문화와 세계 문화
-지구촌 사회의 특징 알아보기	□지구촌 마을에 살아가는 사람들의 개괄적인 생활 모습에 대해 알아본다.
-나의 일상생활과 세계화의 관련성에 대해 알아보자	□교통 통신의 발달로 지구촌 사람들은 다양한 물품과 생활방식을 공유하게 되고 지구촌의 한 지역사회의 문제가 우리 일상생활과 연결되어 있으며 이러한 현상은 세계화로 인해 더욱 증가할 수 있음을 알도록 한다.
-글로벌화로 우리가 얻은 것과 잃은 것에 대해 토론하기	□세계화와 더불어 일어나는 서구문화의 확산, 국가간의 연결 및 이동 증가 등으로 일어나는 생활의 장점과 단점은 무엇인지에 대해 알아본다.
[교류]	6학년 사회 2장 우리와 관계 깊은 나라들 6학년 사회 2장 더 가까워지는 세계의 여러 나라
-내가 알고 있는 나라에 대한 선입견에 대해 알아보자	□우리가 가지고 있는 여러 나라들에 대한 인상에 대해 파악해보고 그것들을 어떻게 고쳐야 할지 알아본다.
-외국인과 상호작용하기	□외국인과 상호작용 과정에서 벌어질 수 있는 오해에 대해 알아본다.
[인권]	6학년 도덕 3장 너그러운 마음, 5장 함께 지키자 5학년 도덕 5장 서로 존중하는 태도, 7장 서로 다른 주장 6학년 사회 1장 누려야 할 권리, 지켜야 할 의무, 보호해야 할 인권
-다른 사람의 권익 존중하기	□다른 사람의 권익도 나의 권익만큼 중요함을 이해하고 자신의 사소한 놀림 행동이 다른 사람에게 인권 침해가 될 수 있음을 인식한다.
-아동의 인권	□아동 인권에 대한 국제협약에 대해 알아보고 자신과 타인의 인권 존중의 중요성을 인식한다.
[우리이웃]	2학년 생활의 길잡이 4장 사이좋은 이웃 2학년 바른생활 4장 사이좋은 이웃, 5장 함께 사는 우리 5학년 도덕 4장 이웃사촌
-다른 사람 이해하기	□세상에 나와 다른 많은 사람들이 살고 있으며 나와 다른 것을 이해하는 것이 이웃과 사이좋게 지내기 위해 가져야 할 가장 기본적인 태도임을 이해한다.
-누가 우리 이웃인가	□우리의 주변에서 살고 있는 다양한 배경의 사람들이 모두 우리의 이웃일 수 있음을 인식하고 나와 문화적 배경이 다르고 생긴 것이 달라도 함께 살고 있으면 이웃이라고 생각할 수 있도록 한다.

② 프로그램 예시

<table>
<tr><th>학습주제</th><th colspan="3">지구촌 사회의 특징 알아보기</th></tr>
<tr><td>관련단원</td><td colspan="3">□ 5학년 도덕 10. 우리 문화와 세계 문화
□ 6학년 도덕 10. 평화로운 지구촌
□ 6학년 2학기 사회 21) (1) 세계를 한눈에
□ 6학년 2학기 사회 22) 지구촌 속의 우리나라</td></tr>
<tr><td>학습목표</td><td colspan="3">지구촌에 살아가는 사람들의 개괄적인 생활 모습에 대해 안다</td></tr>
<tr><td>준비물</td><td>동영상 시청이 가능한 컴퓨터, 퀴즈용지</td><td>시간</td><td>10분~15분</td></tr>
<tr><td>학습단계</td><td colspan="3">주요학습내용</td></tr>
<tr><td>도입</td><td colspan="3">지구를 100명의 주민이 살고 있는 하나의 마을이라고 가정해봅시다. 이 마을 주민들은 어떠한 생활을 하고 있을지 상상해 봅시다.</td></tr>
<tr><td>활동</td><td colspan="3">우리 지구 마을에 사는 사람들은 어떤 사람들일까요?
□ 지구촌이 100인이 사는 작은 마을이라고 가정하고 지역별 인구수, 성별, 종교별, 부자, 글을 모르는 사람, 컴퓨터를 소유한 사람 등은 몇 명일지 숫자를 가늠해봅시다.
□ 지구촌이 하나의 작은 마을이라고 가정한다면 지구촌 사람들의 삶은 어떤 모습들일까?
□ 지구촌 사람들의 삶에 대해 쉽게 알 수 있도록 제작된「세계가 100인의 마을이라면」이라는 동영상을 시청합니다.
□ 동영상 사이트 http://www.miniatureearth.com/me_english.htm를 이용하여 위의 내용을 시청합니다.

지구가 100인의 마을이라면.
61명이 아시아인 12명이 유럽인 8명이 북아메리카인 5명이 남아메리카와 카리브해인 13명이 아프리카인 1명이 오세아니아인.
50명이 여자 50명이 남자, 47명이 도시에 살고 있으며, 9명이 장애를 가진 사람이며
33명이 기독교계 종교를 가지고 있으며 18명이 이슬람교, 14명이 힌두교,
16명이 종교를 가지고 있지 않으며, 6명이불교, 13명이 기타 종교를 가지고 있다.
43명이 기본적인 위생시설을 갖추지 못한 생활을 하고 있으며
18명은 제대로 된 수도시설을 갖추고 있지 못한 생활을 하며
6명이 마을 전체 부의 59%를 소유하고 있다.
9명이 굶주리거나 영양상태가 열악하며, 14명은 문맹이고 단지 7명만이 중등학교에서 공부한다.
단 12명이 컴퓨터를 가지고 있으며 3명이 인터넷에 접속한다.
18명이 하루에 1달러 안팎으로 살아가야 한다.

□동영상을 보고 내가 느낀 점에 대해 발표해 봅시다.
- "생각보다 굶주리는 사람이 많습니다."
- "깨끗한 물을 마실 수 없는 사람이 많습니다."
- "중등 교육을 받을 수 없는 사람이 꽤 많습니다."
- "매일같이 인터넷에 접속하는 것도 꽤 혜택 받은 삶이네요."</td></tr>
<tr><td>정리</td><td colspan="3">□ 우리가 살고 있는 지구촌을 아주 작은 마을이라고 생각해 본다면 여러분들은 어떤 사람에 속하였나요? 일단 교육이나 환경면에서는 조금 더 혜택을 받고 있는 사람들이라고 생각하나요?
□ 과학기술의 발달로 편리한 지구촌 문명 및 문화를 누릴 수도 있지만 반대로 지구촌의 여러 문제를 공동으로 해결하기 위한 노력도 해야 하겠습니다.</td></tr>
</table>

4) 비교과 다문화교육 프로그램

교과교육 중심 다문화 프로그램과 달리 비교과 연계 교육프로그램은 교과 교육과정 외 학교 안팎의 다문화 시민 교육 자원을 활용하여 기획 및 운영하는 프로그램으로 보다 다양한 활동과 체험, 학생들의 자발적 운영 등이 가능한 장점이 있다. 주로 창의적 체험활동의 형태로 이루어지고 있고, 그밖에 다양한 교내 · 외 체험 및 전시 활동으로도 이루어지고 있다.

(1) 창의적 체험활동 연계 프로그램

① 목적 및 방향

창의적 체험활동과 연계한 다문화 프로그램은 창의적 체험활동 시간을 이용하여 학교 안팎의 다양한 다문화교육 자원을 활용하고 학생들의 자율적인 참여 및 체험 유도로 다문화 감수성 증진을 도모하는 것을 목적으로 구성되었다. 이 프로그램은 학생의 요구, 지역 사회의 자원, 학교 여건, 문화 풍토 등을 고려한 특색 있는 프로그램을 구성하고, 학생들의 자율적이고 자치적인 동아리 활동 지원으로 창의성과 공동체의식을 함양할 수 있도록 하며, 학생이 주도적으로 주제 탐색 · 탐구 · 발표할 수 있는 기회를 제공하는 창의적 프로그램으로 구성되어 있다.

② **프로그램 예시**

가. 다문화교육 전문 강사 초청 프로그램

유관 기관의 협조를 통해 인권교육 및 다문화이해교육 강사 등을 초청하여 심화된 다문화 이해교육을 실시하기도 하고, 놀이와 체험 접목 프로그램 등 유관 기관의 다양한 프로그램을 활용할 수도 있다. 유관 기관의 전문가 초빙은 각 분야에서 보는 다문화적 상황과 이에 따른 학생들의 인식과 생활태도를 개선하는 기회를 제공하기 위해 계획되었다.

표 14 문화 유관기관 전문가 초빙교육

실시 기관	교육 내용	대상
KOVA	한국국제협력단 소속 봉사자들의 국제협력의 필요성과 소외 국가 지원	5학년
국가인권위원회	저학년 학생들을 대상으로 다문화 인권교육	1학년
아시아 인권문화연대	이주민 강사들이 각 학급에서 각국의 다양한 문화 소개를 통한 다문화이해교육 전개	3학년
통일부	새터민들의 정착을 돕기 위한 우리의 자세	4학년
유네스코 한국위원회	외국인과 함께하는 문화교육 (CCAP: Cross Cutural Awareness Program)	3학년, 6학년

나. 봉사활동 시간 활용 다문화 프로그램

봉사활동의 시작, 과정, 결과가 학생 주도적으로 이루어 질 수 있도록 구성되어, 지구 공동체 이해 및 국제협력의 긍정적 마음가짐으로 세계시민교육과 연계한 실천적 활동프로그램이다. 세계 빈곤퇴치와 다문화 사

표 15 봉사활동 시간 활용 다문화 체험학습

배우기 (Learning)	지구촌 빈곤학교의 식수문제 알아보기 - 영상물 상영(제목: 물은 생명이다) - 월드 비전 강사 강연	
느끼기 (Feeling)	불평등 피구	1. 시작선이 다른 세계 불평등 구조에 대해 인식한다. 2. 세계시민으로서 이러한 불평등 구조를 인식할 방법에 대해 탐색한다. 3. 학급을 2개조로 나누어 활동한다.
	노동요를 굴려라	1. 케냐의 노동요를 배우고 외워서 불러보며 다문화 체험을 하도록 한다. 2. 단체 줄넘기를 통해서 한 마음으로 움직일 때 세상을 바꿀 수 있음을 깨닫도록 한다. 3. 학급을 2개조로 나누어 활동한다.
	운동화 만들기	1. 빈곤국가의 아동노동 착취의 부당성에 대해 인식하도록 한다. 2. 우리의 작은 기부가 아동들이 노동의 현장이 아닌 교육의 현장에서 미래를 위해 건강한 시간을 보내게 할 수 있음을 깨닫도록 한다. 3. 학급을 6인 1조로 편성하여 운동화를 만들어 보도록 한다.

랑 체험학습 프로그램으로 지구촌의 문제를 학습하고 작은 기부 체험 활동(운동화 만들기)을 연계하여 진행할 수도 있다.

다. 동아리 활동 지원 프로그램

동아리 활동 시간을 활용하여 다양한 문화 관련 활용을 연계하고 문화 탐구 및 다문화 이해 활동을 실시하기 위해 구성된 프로그램이다. 특히 학생들의 자발적인 참여를 바탕으로 스스로 다양한 문화 관련 활동을 계획하고 역할 분담하여 실천할 수 있도록 프로그램이 구성된다. 프로그램은 실행 과정에서 상호 협동하는 태도와 타인을 이해하려는 자세를 지니는 다문화적 시민성 함양을 목표로 한다.

표 16 동아리 활동 시간 활용 다문화 체험학습

동아리명	다문화 요소	활동 내용	학년
에세이와 사진반	정체성	에세이와 사진을 통한 긍정적 자아개념 형성	2,3학년
신문제작반	문화, 협력	신문을 제작함으로써 문화간 유사점과 차이점 알기	전 학년
미디어토론반	편견	미디어 토론을 통한 선입견, 편견, 고정관념에 비판적 사고 형성하기	2학년
관현악반	협력	함께 관현악을 연주하며 서로 상호작용하는 법 배우기	1학년
문학창작반	정체성	문학을 창작함으로써 긍정적 자아개념 형성	2학년

라. 창의적 체험활동 연계 프로그램(부산 송정초등학교)

다양한 문화 관련 생활과 학습 경험을 교수 · 학습 내용과 통합함으로써 유의미한 학습과 상호 문화 이해 및 의사소통 능력을 함양하기 위해 구성된 프로그램이다. 교과 교육 시간에 다루지 못한 다문화 관련 내용을 학년별로 구분하여 연간 지도계획을 세우고 창의적 체험활동 워크북을 제작 및 활용할 수도 있다.

표 17 창의적 체험활동 중 학년별 학습주제 연간 지도계획

학년	학습주제	학년	학습주제
1학년	-지구 한바퀴 -모습은 달라도 우리는 이웃 -우리 서로 인사해요. -우리는 한민족 -인도네시아 사람 되어 보기 -다른 나라의 문화에 대해 관심 갖기 -인도네시아 사람 되어 보기 -다른 나라 옷도 예뻐요 -태국은 어떤 나라일까? -다른 나라의 집 -먹는 음식이 바로 그 민족 -대표적인 다민족 공동 국가 미국 -다문화 이해 교육(세계의 민속춤) -다문화 이해 교육(도전 골든벨)	2학년	-탈북 친구들과 함께하는 우리 -울타리 없는 세상 -함께 만들어 보는 월남쌈 -어울림이 있는 세계 -우리는 모두 친구 -북한의 학교생활 -재미있는 북한말 -어울림이 있는 세상 -우리의 소원은 통일 -모두가 똑같이 소중해요 -차이는 차별과 달라요 -몸짓으로 말해 봐요 -다문화 이해교육을 마치고
3학년	-지구 한바퀴 -새로워진 이웃 -우리 서로 인사해요 -다른 나라의 집 -먹는 음식이 바로 그 민족 -다민족 공존 국가 미국 -탈북친구와 함께 하는 우리 -우리 안에 있는 세계 -여러 나라의 국기 -인종에 대한 편견과 무관심 -재미있는 북한 말 -통일의 필요성 알기	4학년	-달라진 말과 글 -노래는 즐거워 -축제 한마당 -이웃나라 일본의 문화 -조금 다를 뿐이야 -이것이 차별 받는 아픔(차별) -다름의 아름다움(소외) -서로 이해하려는 마음 -세계의 결혼식 -통일의 필요성 -세계 여러 나라의 의식주 -어깨 걸고 함께 가요 -세계 여러 나라의 몸짓 언어
5학년	-다양한 외국 문화 알아보기 -세계의 인종 알아보기 -열심히 살고 있는 외국인 이웃 알기 -아는 만큼 보여요! -가까운 이웃 나라 중국 -별없는 행복한 세상(인권교육) -함께 생각해 보아요(인권교육) -생각 그물 그리기 -광고 만들기 -되찾은 반쪽 새터민 친구 -베트남 소개하기 -필리핀 문화 이해하기 -이주여성의 특강을 듣고 소감문 적기	6학년	-외국인 노동자들이 겪는 어려움 알아보기 -지구촌의 아픔 나누기 -함께 어우러진 세상 만들기 -새터민 바로 알기 -북한의 종교생활 알아보기 -남북의 경제생활 알아보기 -새터민 친구와 더불어 행복해지는 방법 알아보기 -재미있는 북한말 배워보기 -북한지역 체험학습 계획 세우기1 -다문화가정이 겪는 어려움 알아보기 -다문화가정과 함께 할 수 있는 방법 알아보기 -북한지역 체험학습 계획 세우기2 -함께 어우러진 세상 만들기

(2) 문화 · 체험 활동

다문화 교육의 효과 증진을 위해 학교 공간 활용 체험 및 지역사회 다문화교육 현장 체험 학습의 기회 제공으로 문화 · 체험 활동이 실행되고 있다. 구체적으로는 지역 다문화교육 유관 기관의 교육프로그램에 참여하여 다양한 문화적 경험을 쌓을 수 있는 기회를 제공하고, 효과적인 체험학습이 이루어지도록 유관 기관과 긴밀히 연계해 철저한 사전 계획 및 준비, 실행, 체험학습 이후의 추후 활동 지도를 포함하여 운영되고 있다.

① 교내 체험 프로그램

교내 행사 등을 이용하여 학생들의 다문화적 역량을 발표하는 기회를 제공하고, 다채로운 경험으로 다문화에 대한 긍정적인 태도를 함양할 수 있도록 구성된 프로그램으로 교내 동아리 활동과 연계하여 다문화 체험 프로그램을 함께 운영할 수도 있다.

아래 프로그램은 일반가정 학부모와 다문화가정 학부모로 구성된 학부모 멘토링 팀과 논의하여 교육 기부가 가능한 각 부스별 체험 프로그램을 함께 구성 · 운영하고, 자료집을 제작하여 학생들의 활동에 관한 길잡이 제공 및 활동 결과를 정리하는 방향으로 실행되었다.

표 18 글로벌 꿈별의 다정다감 어울림 잔치

부스명	내용
다른 노래? 같은 노래!	반짝 반짝 작은 별 노래를 여러 나라의 가사로 부르기
안녕? 우리는 세계시민	'안녕'에 해당하는 다양한 나라의 인사말과 글자 만나기
전통문양 버튼 장식	여러 나라의 사람들이 좋아하는(기호가 반영되어 있는) 식물과 동물 전통 문양으로 버튼 장식물 만들기
달콤한 다문화 레시피	우리나라와 다른 나라 음식 중 만드는 방법은 같으나 사용하는 재료가 다른 음식 비교 체험하기
이런 놀이 저런 놀이	세계 여러 나라의 생활환경을 반영한 비슷한 원리의 다른 도구를 이용한 놀이 체험하기
Post It! 글로벌 꿈별	닮고 싶은 위인과 자신의 미래 꿈에 대해 조사하여 깃발을 만들어 세계 지도에 꽂기
영화감상	'샤방샤방샤랄라' 영화를 보고 인권에 대한 감수성 키우기

② 현장방문 문화 체험 프로그램

교실 중심 교육에서 벗어나 다문화 관련 지역사회 기관과 연계하여 현장학습의 기회를 제공하는 현장방문 문화 체험도 이루어지고 있었다. 현장 방문 전 사전교육, 활동지 작성, 사후교육으로 단순한 현장 체험이 아닌 체계적인 교육이 이뤄지도록 하며, 체험중심 다문화 동아리를 운영하여 유관기관 방문 및 전문가 강연교육, 다문화 체험활동, 문화예술교육 체험 등의 활동을 실시할 수도 있다.

표 19 다문화 독서 캠프: 교외 체험프로그램

캠프 주제	장소	활동 내용
책으로 떠나는 라틴 여행	중남미 문화원	• 사전교육: 『지구촌 사람들 지구촌 이야기』함께 읽고 세계 국기책 만들기, 걱정인형 만들기 • 현장교육: 중남미문화원 견학 후 KOICA 지구촌 체험관에서 '잉카에서 온 위대한 친구' 체험활동
세계 속의 한국, 한국 속의 다문화	북촌 한옥마을	• 사전교육: 『정겨운 한옥마을 북촌 나들이』읽고 북촌 지도 그리기, 다문화 부루마블 게임하기 • 현장교육: 북촌한옥마을에서 윤보선가 및 생활사 박물관, 동양문화박물관 견학
아웃 오브 아프리카 (Out of Africa)	아프리카 문화원	• 사전교육: 『아프리카 소년 샤카』함께 읽고 나만의 아프리카 타일, 아프리카 책 만들기 • 현장교육: 아프리카문화원에서 전통악기 연주, 민속 춤 관람 및 전통목걸이 만들기 체험활동

5) 외부 기관의 지원

학교에서 다문화 시민 교육을 담당하는 교사들은 대부분 학교 내 자체 프로그램 운영 역량의 부족함을 호소하고 있다. 실제로 강사인력풀 부재, 프로그램 신설의 부담 등으로 학교 내에서 자체 프로그램을 계획하기 쉽지 않은 실정이다. 이 경우, 학교는 외부 기관을 통한 다양한 문화 자료 제공, 외부 프로그램 활용, 강사 파견 등의 지원을 요청받고자 한다. 주로 CCAP 등 외부 기관에서 제공하는 국제 이해 교육과 관련한 프로그램을 많은 학교에서 활용하고 있었으며, 학교는 접근 가능한 콘텐츠를 선택하여 활용하는 방식으로 외부기관의 지원을 활용하고 있었다.

(1) 다문화이해 자료 지원

- o 다문화가족지원포털 다누리
- o 중앙다문화교육센터: 다문화가정 학생들을 가르치는 교육자료 탑재
- o 다문화꾸러미(http://www.kidsnfm.go.kr:8080/culturebox/): 현재 몽골, 베트남, 필리핀, 우즈베키스탄 문화 꾸러미 탑재

(2) 외국인과 함께 하는 문화교실(CCAP) 프로그램 및 강사 지원

유네스코에 아시아태평양 국제이해교육원에서는 한국 청소년들의 문화 간 이해를 향상하고 세계시민의식을 고취하고자 CCAP 프로그램을 운영하고 있다. 이 프로그램은 국적과 문화가 다양한 참가자들이 서로의 문화를 나누고 배우는 기회를 제공하는 것을 목적으로 하며, 세계화 시

표 20 유네스코 아시아태평양 국제이해교육원 CCAP 프로그램

프로그램명	대상	주요 내용
정규수업 (Regulae Class)	주류문화 학생	CCAP의 가장 핵심 활동으로 외국인문화교류자원활동가(Cultural Exchange Volunteer)와 한국어통역자원활동가(Korean Interpretation Volunteer)가 한 팀을 이뤄 문화 수업을 실시하게 된다.
캐러번 (Caravan)	주류문화 학생	지리적 여건 상 외국인과의 접촉기회가 드문 기역의 학생들에게 타문화 이해의 장을 제공하기 위해 기획된 것으로, 외국인문화교류자원활동가, 한국어통역자원활동가 및 CCAP 협력기관 관계자들로 구성된 캐러번팀이 참가 학교를 방문하여 문화수업을 진행하고, 외국인 자원활동가들은 한국인 가정에서의 홈스테이 프로그램 등을 통해 한국 문화를 보다 가깝게 체험하는 기회 또한 갖는다.
겟투게더 (Get-together)	다문화 및 주류문화학생	CCAP 참가자들의 문화간 이해능력 증진과 친목 도모 프로그램
포럼 (Forum)	다문화 및 주류문화학생	CCAP 활동 정리 및 프로그램의 파급효과를 평가한다.

대에 다양한 문화권의 사람들이 평화롭게 살아갈 수 있는 방법을 모색하고, 주한 외국인들이 한국 사회에 대한 유대감을 강화하는 효과를 거둘 수 있다.

(3) 다문화 및 일반학생 대상 프로그램

외부 기관 프로그램 중에는 특정 대상을 중심으로 계획된 프로그램도 있는데, 특히 다문화 배경 청소년의 적응을 돕고 이들과 일반 청소년이

표 21 외부 기관 다문화 프로그램

프로그램	대상	주요 내용
레인보우 스쿨	중도입국 청소년	중도입국청소년의 한국사회 적응을 위한 한국어교육 및 특기적성교육 프로그램을 통해 원활한 초기정착 지원
다톡다톡 소모임	중도입국 청소년	이주배경청소년들의 자기계발과 정서함양을 위한 자발적 구성 활동 프로그램
레인보우 체험학교	탈북청소년	(비교문화체험학습) – 하나원 재원 탈북청소년 대상으로 1박2일 일정으로 매월 1회 진행되는 프로그램. 일상생활체험 및 문화체험 등 지역사회 정착에 대한 불안 및 위축감 해고, 사회적응력 향상과 자신감 증진. 공공기관, 은행, 상점, 대중교통, 대학탐방, 문화체험 등의 샐생활 위주의 체험활동
마음돋보기	이주배경 청소년	(이주배경청소년 집단상담 프로그램) – 이주배경 청소년들의 여러 문제 상황을 다루고, 일반적인 대처기술 발달시킴으로서 문제 상황에서의 해결능력과 사회기술능력 향상시키기 위한 집단상담 프로그램
다독임 캠프	이주배경 청소년과 가족	(이주배경 청소년 가족역량 강화 프로그램) – 이주배경 청소년과 그 가족 대상 한국사회 적응과정에서 경험하는 스트레스 감소시키고 양육기술 습득 도와 가족관계 향상 및 역량 강화
이주배경 청소년 통합캠프	이주배경 청소년과 일반청소년	이주배경 청소년과 일반청소년 대상 2박 3일 캠프 주최. 청소년들이 건전한 또래 관계 형성과 서로 다른 문화 공유

함께 활동하는 프로그램이 운영되고 있었다. 다문화 배경 청소년은 중도 입국 청소년, 탈북청소년, 이주배경 청소년으로 구분되어 일반학생과 따로 혹은 같이 참여하는 프로그램으로 구성되어 있다.

3. 교사대상 교육

다문화교육 연수 프로그램에 참여한 교사들은 다문화적 효능감을 향상하고 인종적 · 문화적 다양성에 대하여 보다 개방적이고 관용적인 태도를 갖게 된다(모경환 · 최충옥 · 임현경, 2010). 2009년 교육부의 다문화교육 정책에 따라 예비교사의 다문화 이해를 위해 초등교원 양성대학에 '다문화교육 강좌'를 개설하였지만 아직도 교사대상 교육은 부족한 실정이다. 다문화교육 교사의 역량 강화를 위해 교육부를 비롯한 시도교육청 및 다양한 사설 원격연수기관에서 교사 대상 연수를 진행하고 있다.

1) 교육부중앙교육연수원
(http://www.neti.go.kr)
원격 연수

- 다문화 학생 교육의 실제
- 다문화교육의 이해

2) 다문화교육센터 운영 연수(경기도)

- ○ 초등: 경인교육대학교 (한국다문화교육연구원)
- ○ 중등: 경기대학교 (경기남부다문화교육센터)

3) 원격교육연수원 운영 연수

- ○ 티처빌(http://www.teacherville.co.kr): 함께 사는 세상 만들기 다문화교육
- ○ 유니텔(http://www.teacher.co.kr): 국경없는 교실을 위한 다문화연수
- ○ 한국교원연수원(http://www.hstudy.co.kr): 함께하는 다문화교육
- ○ 사제동행 원격교육연수원(http://www.education.or.kr): 우리는 하나! "오손도손" 교실 속 다문화교육
- ○ 한국교원대학교 원격교육연수원(http://www.e-learningforteacher.com): 다문화교육의 이론과 실제
- ○ 경기도교육연수원 통합교육연수시스템(http://cyber.gtie.go.kr): 2014년 친밀감 있는 다문화 학생 교육의 실제 원격직무 연수

4. 국내 다문화 시민 교육에 대한 평가

1) 다문화 시민 교육의 개념

"다문화가정 자녀대상 교육과 혼동, 국제이해교육과 혼용, 사회적 소수자 인권교육과의 단절"

학교교육에 나타난 다문화 시민 교육은 모든 학교 급에서 시행되고 있는데, 대부분 다문화교육의 이름으로 시행되고 있고 내용상으로는 국제이해교육에 가까운 형태로 운영되고 있다. 그러나 다문화 시민 교육의 목표와 무관하게 다양한 민족의 생활모습, 음식, 전통문화, 민속놀이, 민속춤과 음악 등을 단순히 소개하는 내용이 많았다.

또한 이주민에 대한 관심을 보편적인 사회적 소수자 인권과 연계하는 시각이 부족하다. 다문화 시민 교육에서 문화적 차이나 타 문화 이해는 자주 언급되지만, 소수자에 대한 다수자의 편견을 성찰하고 반편견 교육을 체계화하려는 노력은 상대적으로 부족한 것으로 나타났다.

2) 교과 내용을 활용한 다문화 시민 교육

"특정교과, 특정주제, 특성소재에 치우친 다문화 시민 교육"

다문화교육 연구시범학교 교육과정을 분석한 결과, 다양한 교과에서 다문화 시민 교육 관련 단원을 재구성하여 지도하고 있다. 교과 재구성은 학교별, 교과별로 재구성 비율에서 차이가 있는데, 특정 교과인 국어, 사회, 도덕, 미술 교과에 치중하는 경향이 있었으며(9개 교과 중 70%), 수학이나 실과 등의 비율은 매우 부족한 것으로 나타났다. 이러한 경향은 다문화교육에서 생물, 물리, 수학과 같은 과목을 가르치는 상당수의 교사들이 자신의 교과와 다문화교육과는 무관하다고 생각하고 있기 때문(Banks, 2008, 모경환 외 역, pp. 44-46)으로 해석된다. 이 외에도 문화예술교육의 일환으로 음악, 미술, 체육 활동 등에서 다양한 문화를 소개하고 체험하는 활동이 이루어지고 있었다.

재구성 내용 및 주제 면에서는 나라(국가) 집단에 치우친 내용이 많았고, 문화집단을 이루는 종류가 다양하지 못해서 내용의 편협성이 나타났다. 나라 집단 내용 중에서는 우리나라의 다문화가정에서 많은 수를 차지하는 중국, 일본, 남부아시아, 서남아시아가 과거에 비해 증가했는데 이는 이전에 미국, 유럽권 국가를 소개하는 데 치중했던 내용에 비해 현재 한국사회의 인구 구성 변화를 반영한 것이라고 볼 수 있다. 인물 집단 중에서는 차별받는 집단 소재가 가장 많았고, 성 집단이 가장 적었다. 성 집단 내용에서 있어서도 단순 지식수준과 관련한 내용으로 성역할이나 태도와 관련한 내용을 찾을 수 없었는데, 이는 잠재적이고 포괄적인 다문화교육의 개념을 제대로 이해하지 못한 점으로 파악된다(구정화 · 박선웅, 2011).

전반적으로 다문화 시민 교육에서 '문화'의 의미에 대한 체계적 접근이 부족하며, 출신 국가에 따라 고정된 문화를 전제하는 문화 민족주의적 개념이 강한 것으로 나타났다.

3) 다문화 시민 교육과 관련된 특별활동 및 행사활동

"외부 전문기관의 지원 부재 속에 일회성 견학, 체험, 행사위주의 프로그램 운영"

다문화 시민 교육 프로그램 중 특별활동 및 행사활동은 주로 창의적 체험활동 영역으로 이루어지고 있었다. 연구학교 프로그램 분석 결과, 대부분의 학교에서 다문화가정 자녀와 일반학생이 함께 할 수 있는 다문화 체험의 날, 다문화 교실, 지역사회의 전통문화 체험, 봄 · 가을 운동회, 외국인과 함께 하는 문화교실, 여름교실, 방학캠프, 다문화 행사 주간, 다문화 가정 결연 활동 등 상당히 유사한 행사활동을 실시하고 있었다. 그 외 활동으로는 다문화 가정 학부모의 참여를 바탕으로 외국음식 식단 제공, 학생들이 직접 외국 음식 만드는 체험, 다문화 가정 학부모 혹은 유학생 활동 방과 후 교육활동으로 외국어 교육 실시, 글짓기, 그리기, 영화감상, 여러 나라의 인사법, 어머니 나라 소개하기, 퀴즈 게임, 여러 나라의 전래 민요 부르기, 민속춤 추기, 민속 놀이하기 등의 활동 등이 있다. 내용 면에서는 다른 문화를 체험하고 이해하는 국제이해 교육활동이 다수를 차지하고 있었고 대부분 일회성 행사로 그치는 경우가 많았다.

학교에서 시행되는 특별활동 및 행사활동은 이를 계획하고 실행하는 담당 교사 및 학교의 역량에 전적으로 의존하여 이루어지고 있었다. 무엇이 다문화 시민 교육의 내용이 되어야 하는가의 고민보다, 학교의 역량으로 운영이 가능한 프로그램이 무엇인지를 먼저 고민하게 되고 결국 대부분의 학교가 비슷한 유형의 특별활동과 행사활동을 계획하는 결과를 초래하게 되었다. 이는 다문화 시민 교육을 지원하는 외부 전문기관의 인프라 구축의 필요성을 잘 보여준다. 기존의 '중앙다문화교육센터'와 같이 관련 자료를 제공하는 기관을 넘어서, 다문화 프로그램 내용의 타당성을 확인할 수 있고, 학생들이 직접 체험할 수 있는 프로그램과 공간을 동시에 제공하여 학생들의 문화 감수성을 함양할 수 있는 전문기관의 지원이 필요하다.

4) 다문화 시민 교육의 내용 선정

"Banks(2008)의 다문화 교육과정 내용 통합 1,2 수준의 접근"

다문화교육 내용을 교육과정에 통합하는 접근은, Banks(2008)의 2 수준인 부가적 접근 수준이 대부분인 것으로 나타났다. 몇 개 특정 교과에서 다양한 문화의 내용을 피상적으로 다루거나 특정 교과의 내용을 재구성하는 수준 외에는 교과 교육과정에 거의 포함되지 못해, 대부분 기여적, 부가적 수준의 접근에 머물러 있었다. 다문화교육을 다민족, 다문화라는 사회적 현실을 이해하고 함께 살아가기 위한 기본적인 가치와 태도를 배우는 시민 교육(education civique)으로 보는 유럽이나(이경희, 2011) 교육과정에 단순히 교과목을 첨가하거나 보충하기보다 교육과정 전체에 다문화교육이 적용되는 것을 의미하는 미국의 경우(장인실, 2003)와는 대조적인 모습으로 운영되고 있는 것을 알 수 있다. 이는 기존 연구에서 다문화교육의 초점이 소수 민족 집단의 음식, 의상, 문화적 전통에 관한 것이라는 항목에 많은 교사들이 응답한 것을 보더라도(모경환 · 황혜원, 2007) 기여적, 부가적 접근법에 해당하는 관점을 가진 교사들이 많다는 것을 알 수 있다.

표 22 Banks(2008)의 교육과정 통합 수준

구분	내용	특징
① 기여적 접근법 (the contributions approach)	해당 집단의 영웅, 명절 등과 같은 구체적인 문화적 요소들을 활용한다.	기본 구조나 규준을 바꾸지는 않는다. 다수집단의 관점에서 내용을 선택한다.
② 부가적 접근법 (the additive approach)	기존 교육과정을 크게 변화시키지 않고, 소수집단과 관련된 내용, 개념, 주제, 관점을 부가한다.	
③ 변혁적 접근법 (the transformative approach)	교육과정의 구조를 변화시켜서 다양한 집단의 관점에서 개념, 이슈, 사건들을 조망해보도록 한다.	기존 교육과정의 규준, 패러다임, 기본적인 가정을 변혁시킨다. 지식이 객관적인 실체가 아니라 사회적 구성물임을 인식하도록 한다.
④ 사회적 행동 접근법 (the social action approach)	중요한 이슈와 관련하여 의사결정을 내리고 실천해보도록 한다.	

5) 교사 교육

“연수경험과 외부지원이 부족한 채로 개인적 역량에 전적으로 의존”

학교에서 다문화교육을 담당하는 교사들은 사업을 계획하고 수행하는 모든 과정을 전문적 교육 없이 개인적 역량에 의존하여 수행하고 있었다. 외부 기관의 지원은 매우 한정적이며, 지원을 받는 경우에도 학교 교육과정의 일정 조정으로 인해 시 · 공간적 제약이 많아 제한적으로 이루어지고 있었다. 담당 교사는 대부분 해당 학교의 역량에 맞는 컨텐츠를 선택하고 프로그램을 구성하여 자체적으로 운영하고 있었는데 이 과정에서

전문기관의 체계적 교사교육의 요구가 절실한 것으로 나타났다. 교사 교육이 제대로 이루어지지 않은 채로 진행되는 다문화교육의 내용은 대부분 국제이해교육과 혼용된 형태로 이루어지고 있었다.

5. 해외 사례

1) 미국

미국은 역사의 출발점부터 오늘에 이르기까지 세계 각국의 이민자들에 의해서 형성되어 온 국가다. 미국이라는 나라는 다양한 문화와 언어, 그리고 인종적 배경을 가진 사람들로 구성된 하나의 공동체이며 이는 늘 미국사회의 끊임없는 불안과 갈등 요인으로 작용하였다. 이에 따라 다양한 문화적 배경을 지닌 구성원으로 이루어진 미국이라는 공동체가 갈등과 분열을 극복하기 위한 노력으로 일찍부터 시민교육(citizenship education)에 관심을 기울이게 되었다(임성택 · 주동범, 2000).

이민자 가정의 아이들은 평균적으로 비교적 가난하다. 이는 그들의 부모가 일을 하지 않아서가 아니라 비숙련의 저임금 노동에 종사하기 때문이다. 이민 가정 아이들은 경제적 어려움으로 인해 세액 공제, 주택 및 식료품 제공, 건강 보험, 보육 등과 같은 공적 지원에 더 많이 기대게 된다.

취학전 교육 상황을 보여주는 지표들 중 하나인 영유아 교육 기관 참여 비중을 보면 부족한 영어 구사력, 빈곤, 부모의 저학력 문제가 서로 연관을 맺고 있음을 알 수 있다. 이민 가정의 아이 중 다수가 언어 발달 및 인지 발달에서 위기를 겪고 있으며 이는 진학 이후 낮은 학업 성취로 이어질 것이다.

연방정부의 재정 지원을 받아 이루어지는 근로 소득의 세액 공제나 긴급 가정 구호 정책, 식료품 바우처, 저소득층 의료비 지원 제도 등이 이민자 가정의 아이들의 필요를 다루고 있지만, 시민권 보유 여부나 법적 신분에 따라 혜택 수여 여부를 제한하고 있다. 도시연구소(Urban Institute, 2006)에 따르면 천백만 명의 미등록 이민자가 있고(그중 약 30%는 해외 출생자), 천오십만 명의 영주권자가 있으며, 천백오십만의 귀화자가 거주하고 있다. 이민자 가정의 아이들 중 80%는 미국 시민권자이고, 6%는 영주권을 지니고 있으며, 10%는 미등록 상태이다.

완벽하지 않은 것은 분명하지만, 가장 취약한 처지에 있는 사람들에게도 기회를 보장하려는 노력은 계속해서 이루어지고 있다. 일례로 캘리포니아 주의 상원은 새로운 건강 보험 법률인, 이른바 the Health 4All Act를 통과시켰다. 이 법은 법적인 지위와 상관없이 모든 거주민에게 의료서비스를 보장한다. 이는 불법 체류자에게는 혜택을 주지 않는 '환자부담적정보험법(the Affordable Care Act, 오바마케어)'의 대안이라 할 수 있다.

또한 2012년 6월 15일에는 행정 명령을 내려 국토안보부가 불법체류 청소년들-DREAM Act의 적용 대상인-의 추방을 막았다. DREAM Act(Development, Relief, and Education for Alien Minors)는 최소 20개의 주에서 불법체류 신분의 학생들도 학비 책정, 장학금 지급, 학비 지원 등에 평등을 보장하고 있다. 이 법은 16세 이전에 미국에 입국하여 대학에 진학하였거나 군 복무 중인 청소년들에게 학업이나 군복무를 마칠 수 있는 한시적인 영주권을 지급하고 이후에는 영주권과 미국 시민권을 받을 수 있는 경로로 연장시킨다.

보다 어린 연령대의 아동들과 관련하여서는, 미국 교육부는 "미국의 모든 아동은 자신 혹은 부모의 지역 태생, 시민적 지위, 혹은 이주민으로서의 법적 지위와 무관하게 초 · 중등교육을 받을 수 있는 동등한 권리를 가진다."고 규정하고 있다. 초 · 중등교육법은 빈곤 지역 학교를 다닌 학생들의 재정 지원을 규정하고 있고, 주 정부에 대해 다양한 영어 학습 프로그램이나 집 없는 아이들과 이민자 가정 아이들을 위한 교육 프로그램을 위하여 일정 비중의 재원을 확보하도록 정해놓고 있다.

시민권 획득은 이민자 통합의 또 하나의 지표이다. 역사적으로 미국은 이민자와 그 자녀들에게 시민권을 획득할 수 있는 두 가지 경로를 제공해 왔다. 첫째는 출생을 통해 얻는 것이고 둘째는 귀화를 통해서 얻는 것이다. 1965년 이전에는 "자유로운 백인과 아프리카 태생"만 귀화를 할 수 있었다. 그러나 현재 미국은 다른 자유민주주의 국가들과 비교했을 때 비교적 자유로운 시민권 정책을 실시하고 있는 국가라 할 수 있다.

2) 캐나다

캐나다의 연방정부는 1971년 다문화적 정책을 공식적으로 채택하였다. 이로써 캐나다는 다문화주의 정책을 공식적으로 시행한 최초의 국가 중 하나로 손꼽히게 되었다. 이후 1982년에는 캐나다 헌법의 일부인 캐나다 권리 및 자유 헌장(the Canadian Charter of Rights and Freedoms)의

27조에서 "캐나다인의 다양한 문화적 유산을 보전하고 함양한다'고 공언하였다. 캐나다의 다문화주의 정책은 캐나다인들이 핍박의 두려움 없이 각자의 종교를 따르고 정체성을 유지할 수 있도록 허용하는 것을 골자로 한다. 따라서 정책은 다양한 민족 및 개인적 신념들 간의 상호 존중을 강조한다. 권리 및 자유 헌장은 16조에서 영어와 불어를 캐나다의 공식 언어로 규정하는 한편, 23조에서는 영어 사용지역의 불어 사용자나, 불어 사용지역(예-퀘벡)의 영어 사용자가 각각 고유 언어로 교육받을 수 있는 권리를 보장하고 있다.

캐나다의 다문화주의가 구체적이고 실질적인 다문화주의법(Multiculturalsim Act)으로 시행되기 시작한 것은 1988년도부터이다. 다문화주의법의 제정 및 시행으로 모든 캐나다인의 평등을 확인하였을 뿐 아니라, 어보리진(Aborigine)의 권리를 확립하고, 공식 언어의 규정이 이루어졌다. 다문화주의법은 두 가지 핵심 원리를 기반으로 한다. 첫째, 시민은 평등하며 각자의 문화적 유산을 보전하고 양양할 수 있는 자유를 갖는다. 둘째, 다문화주의는 모든 개인과 공동체가 그 출신이나 기원과 무관하게 캐나다 사회의 모든 요소에 완전하고 평등하게 참여할 수 있도록 돕는다. 이러한 원칙하에 다문화주의법은 캐나다의 다문화적 유산을 인정하고 보전하며, 어보리진의 권리를 인정하고, 영어와 불어를 공식 언어로 규정하는 한편 이외 언어 사용을 허용하고, 인종이나 종교 등에 상관없이 평등한 권리를 보장하고, 소수자 집단들이 자신의 문화를 향유할 수 있는 권리를 인정하는 것을 내용으로 하고 있다.

3) 영국

영국은 England, Wales, Scotland, Ireland의 4개 연방으로 구성되어 있다. 각 연방들은 독립적인 정치 · 사회 · 교육제도를 가지고 있으며, 각 연방마다 매우 다양한 종류의 학교와 교육제도를 운영하고 있다. 따라서 전 국가적으로 공통된 교육제도나 정책은 존재하기가 어려우며 영국 학교의 다문화 시민성 교육을 하나의 그림으로 표현하는 것은 거의 불가능하다(Russell Manning, 2010, pp.33-34). 때문에 이 장에서 살펴보고자 하는 다문화 시민성 교육을 잉글랜드에 초점을 맞추고자 한다.

1945년 이후부터 증대하는 영국 사회 내의 인종과 문화적 다양성은 교육적 다양성을 더욱 증대시켰다(윤철경 · 박선영, 2011, p.34). 1980년대 후반에 들어와서 영국에서는 시민교육의 관심이 증대되었고, 이에 따라 1998년 교육과정평가원(The Qualifications and Curriculum Authority)의 '시민교육 자문 위원회(Citizenship Advisory Group)'가 발간한 소위 '크릭 보고서(Education for citizenship and the teaching of democracy in schools)'에 학교에서 시민권을 가르치는 것에 관한 권고들이 포함되었다(정재원, 2012, p.12). 뿐만 아니라 점점 다원화, 다문화 되어 가고 있는 영국 사회에서 청소년들이 권리와 의무를 다하고 사회의 통합에 기여하는 시민의 자질을 갖추기를 요구하는 목소리가 커지면서, 영국은 2002년부터 국가수준의 정규교육과정에 '시민교육'을 필수 교과목으로 지정하여 의무화 시켰다. 그리고 2004년에 발간한 '세계적인 교육을 위한 세계 이해교육(Putting the world into world class education)'이라는 문서에서 서서히 다문화 관점의 교육의 중요성을 강조하고 있다. 그리하여 "Global citizenship education"이라는 용어를 직접적으로 사용하여 교육과정 안에서 글로벌 시민성 교육을 실시하고 있다(박선영, 2009, p.18). 이와 같은 영국의 다문화 시민성 교육은 크게 중앙정부 차원과 민간 차원으로 나누어서 살펴볼 수 있다.

영국의 중앙정부 차원에서 이루어지는 다문화 시민성 교육은 주로 교육기술부(Department for Education and Skills, DfES)와 국제개발부(Department for International Development, DfID)가 담당하고 있다. 영국에서는 다문화 시민성 교육의 논의가 본격적으로 이루어지기 전에 우선 시민교육의 논의가 두드러지기 시작했고, 이는 앞서 언급한 바와 같이 1998년의 Crick Report가 많은 영향을 끼쳤다. 이 보고서는 영국 공립 중등학교에서 이루어지는 시민교육에서 중요한 역할을 하였지만, 여기서는 국가적 관점에서의 시민교육적 내용만 제시되었을 뿐 다문화 관점의 세계시민적 요소는 담고 있지 않았다.

교육기술부가 2004년에 펴낸 "세계 수준의 교육을 위한 세계 이해교육(Putting the World into World Class Education)"이라는 문서에서 다문화 관점의 시민교육과 교육정책을 명시적으로 언급하기 시작했다. 이 문서는 세계화 시대에 필요한 역량과 역할을 강조하고 있다. 문서에서는 다음과 같은 언급으로 다문화 관점의 교육의 중요성을 강조하고 있다. "우리는 하나의 세계에 살고 있다. 우리의 행동은 다른 사람들에게 영향을 미치며, 다른 사람의 행동은 우리에게 영향을 미친다. 그 정도는 전례가 없는 수준이다. 세계는 주요한 도전에 직면해 있다. 영국은 세계에서 독특한 위치를 점하고 있으며, 우리는 자신감 넘치고 대외지향적인 사회와 세계에서 온전한 일역을 담당하는 첨단의 국가 경제를 지향한다(DfES, 2004, p.3).” 그리고 이를 달성하기 위한 3가지의 주요 목적과 세부 목표를 다음과 같이 제시하고 있다(DfES, 2004, pp.5-19). 첫째, 우리 아이와 청소년, 그리고 성인이 세계화된 사회에서의 삶과 세계화된 경제에서의 노동에 대비할 수 있도록 한다. 이를 위해서 아동과 청소년의 학습 경험에 세계화와 관련된 요소들을 포함시키며, 다른 외국어들을 구사할 수 있도록 한다. 또한 노동자와 고용주 모두 세계화된 경제가 요구하는 기능을 갖추도록 하며, 국제적으로 검증된 교류와 이해를 도모하도록 한다. 둘째, 상호 간의 목표 달성을 위해 국제적인 동반자 관계를 구축한다. 이를 위해서 세계 수준의 표준에 우리의 수행 능력을 견주어 보고 최상의 기준을 설정하며, 세계의 다양한 파트너와의 전략적으로 협력할 수 있는 능력을 기른다. 또한 특히 아프리카를 포함한 전 세계 아동의 교육의 질과 복지를 향상시키기 위해서 전문성과 자료를 공유하도록 한다. 셋째, 해외무역과 국내투자 증대를 위해 전 대학교육을 포함한 전 교육의 질적 향상과 훈련분야를 확충한다. 이를 위해 성인 교육 및 고등 교육 영역의 국제 학생 수를 증가시키며, 영국이 교육 분야의 ICT 활용의 주도적인 지위를 차지하도록 한다. 또한 영국의 대학들이 학업과 연구의 국제 허브가 될 수 있도록 하며, 교육기관들이 국제적인 기업과 파트너십을 유지하도록 권장한다.

또한 교육과정평가원(The Qualifications and Curriculum Authority)에서도 2007년 “세계화 시대의 교육 실행(The Global Dimension in Action)”이라는 문서를 발간하였다. 이 문서에는 교사들의 다문화 시민성 교육 활동을 돕기 위한 사례 연구 및 활동 예시를 제공한다. 이것이 이전의 문서들과 차별화 되는 점은 경제가 국가를 시민성의 핵심으로 보지 않는다는 점이다. 그리고 같은 해에 한국의 중학생 수준에 해당하는 11~14세를 대상으로 하는 Key Stage 3 시민교육 프로그램(Citizenship Key Stage 3 Programme of Study)을 고시하였으며, 이는 2008년부터 시행되기 시작하였다. 하지만 Key Stage 1이나 2까지 필수적으로 확장하여 다루지는 않았다(Russell Manning, 2010, pp.37-38).

한편, 영국의 국제개발부(DfID)도 다문화 시민성 교육에 있어서 중요한 역할을 담당하고 있다. 이 부서는 150여개 나라의 빈곤 문제를 해결하기 위해 2000년 유엔 정상회담 이후 만들어진 정부 기관으로 새천년개발목표(Millennium Development Goals: MDGs)를 달성하는 것을 목적으로 한다. 이로 인해 국제개발부는 자선단체, 기업, 세계은행 등의 다양한 기관들과 협력하여 파트너십을 구축하고 있으며, 국제개발부 장관은 개발도상국의 지속가능한 개발과 복지의 원조를 결정하는 권한을 부여받고 있다(박선영, 2009, p.20). 국제개발부에서는 다문화 시민성 교육을 위해 반드시 포함되어야 하는 요소들로서 지구시민성, 상호의존성, 분쟁해결, 사회정의, 다양성, 지속가능한 개발, 인권 등을 제시한다. 또한 홈페이지에서는 지방의 교육청을 대상으로 하는 프로그램으로, 교사들의 다문화 시민성 교육을 위한 역량 강화를 위해 바른 지식과 태도를 가지고 지구적 사안과 문제들을 다룰 수 있도록 하는 Enabling Effective Support(EES) 사업을 소개하고 있다. 그리고 개발도상국에 있는 학교와 영국 내 학교의 자매결연으로 지역 파트너십을 구축할 수 있도록 하는 Global School

Partnerships programme(DGSP)와 같은 프로그램도 소개하고 있다.

영국의 민간 차원에서 이루어지고 있는 다문화 시민성 교육에서 중추적인 역할을 담당하고 있는 기관은 Oxfam이다. Oxfam은 영국에서 시민교육으로 특화된 단체이며, 영국의 국제개발부(DfID)나 아동 · 가족 · 학교부(Department for Children, Families, and Schools) 등과 공동으로 시민교육 교재를 개발하거나 교사교육 프로그램을 운영하는 등 정부 기관들과 긴밀한 파트너십을 유지하고 있다. 또한 홈페이지에서 다문화 시민성 교육을 위한 구체적인 가이드라인과 학습자료를 제공하고 있다.

Oxfam(2006)은 21세기에서 다문화 시민성 교육이 필요한 이유를 설명한다. 즉, 빠르게 변화하고 상호의존적인 세계에서, 아동들이 현재와 미래에 직면하게 되는 도전들을 대처해 나가는 데 있어서 교육만이 도움을 줄 수 있고 주어야만 한다는 것이다. 더욱 구체적으로 다음과 같은 이유들로 인해 다문화 시민성 교육이 아동과 청소년에게 필요하다고 강조한다(p.1). 첫째, 아동과 청소년의 삶은 세계의 다른 여러 부분에서 발생하는 일들에 의해 큰 영향을 받는다. 따라서 아동과 청소년이 지역적으로 그리고 전 세계적으로 자신과 다른 사람의 행복을 보장하고 행복에 기여하기 위해 필요한 지식, 이해, 기능, 가치 등을 다문화 시민성 교육이 제공해야 한다. 둘째, 다문화 시민성 교육은 아동과 청소년에게 다양한 범위의 활동적이고 참여적인 학습 방법을 활용하기 때문에 학습자의 자신감과 자존감, 갈등해결 능력, 비판적 사고, 의사소통 및 협동적인 기능을 개발하도록 돕는다. 이는 학생이 학교에서 동기, 행동, 성취감 등을 향상시키는 데 있어 필수적인 요소들이다. 셋째, 현재 세계의 자원 활용은 불평등하고 고갈될 위험에 처해있다. 가난한 자와 부자 사이의 격차는 점점 벌어지면서, 가난은 수백만 명의 기본적인 권리조차 앗아가고 있다. 이와 같은 상황에서 교육은 세상을 바꿀 수 있는 가장 강력한 도구가 될 수 있으며, 특히 다문화 시민성 교육은 아동과 청소년들이 공감 능력을 키우고, 지구를 보살피도록 이끌 수 있다.

Oxfam은 다문화 시민성 교육의 내용이 아동이나 청소년의 삶과 동떨어진 것이 아니라, 자신이 속한 지역사회를 먼저 정확하고 파악하고 이해하는 것부터 시작해야 한다고 말한다. 그리고 사회정의와 지속가능한 개발과 같은 이슈와 다양성의 문제들이 개인의 삶과 어떻게 밀접하게 연결되어있는지를 충분히 설명해야 한다(박선영, 2009, p.20). 이를 위해서 Oxfam(1997)이 제시하는 다문화 시민성 교육의 원리는 다음과 같다. 첫째, 자기정체성 및 자아존중감의 개발과 재확인의 중요성을 인식한다. 둘째, 학교 안과 밖의 불평등의 인식 및 모든 학생의 중요성을 인식한다. 셋째, 가치, 태도, 개인과 사회적 교육의 중요성을 인정한다. 넷째, 다른 사람과 다른 세계로부터 배우려는 의지를 갖는다. 다섯째, 청소년의 관심 및 필요의 타당성을 확인한다. 여섯째, 학교의 전 영역에 걸친 총체적인 접근으로서 다문화 시민성 교육을 행한다(윤철경 · 박선영, 2011, p.42에서 재인용).

또한 책임 있는(responsible) 다문화 시민성을 개발하기 위한 핵심 요소를 지식과 이해, 기능, 가치 및 태도의 세 가지 차원으로 나누어 제시하고 있다. 또한 5세 이하의 아동부터 19세까지의 청소년에 이르기까지 단계별로 학습해야 할 구체적인 지침을 문서에서 제공하고 있다.

4) 일본

일본은 한국과 마찬가지로 비교적 동질적인 사회를 유지해왔다. 그러나 1970년대 이후로 급격한 이주민의 유입이 이루어지면서 '다문화공생 교육'이 등장하게 되었다. '다문화공생'이란 상이한 문화적 배경을 가진 사람들이 서로의 차이를 인정하고 대등한 관계를 형성하며 공존하는 것을 의미한다(한영혜, 2006). 일본에서는 '다문화사회'나 '다문화가정'이라는 용어가 거의 사용되지 않는다. 다만 부모 중 양족 혹은 어느 한쪽이 외국인인 경우, 그들의 자녀에게 '외국인의 아동 · 학생 혹은 외국인의 자녀'라는 명칭을 사용한다(천호성, 2010). 한국의 다문화정책 혹은 다문화교육에 비견될 만한 일본의 정책은 외국인 아동이나 학생을 위한 정책이라 할 수 있다.

일본은 1998년 고시하고, 2002년 4월부터 실시한 제7차 교육과정에서부터 다문화 시민성의 내용을 다루기 시작했다. 6차 교육과정에서는 국제이해 영역에서 국제 사회에서 일본이라는 국가를 알리고, 민족적 정체성을 지켜나가는 차원을 강조하면서 세계평화와 국제문화이해 증진에 힘써야 한다는 다소 추상적인 접근을 하고 있었다면, 7차 교육과정에서는 "세계 속의 일본의 역할"이라는 내용에서 보다 적극적으로 일본이 중심적인 위치에서 세계를 이끌어 가야 한다는 당위적 입장에서 다문화 시민성을 논하고 있다(하윤수, 2002, p.8). 이는 일본 사회에 여전히 잔존하는 자국중심의 민족주의와 자국 우월주의의 영향이 다문화 시민성 교육 영역까지 영향을 미치고 있기 때문으로 보인다.

국가적인 차원에서는 이와 같은 일본의 민족주의적인 맥락으로 인해 오늘날과 같은 다문화 시민성이라는 개념이 교육적인 차원에서 확립되기에는 많은 어려움이 있었다. 그렇지만 민간 차원에서는 NGO 및 청소년 단체 등과 같은 민간단체들의 노력으로 1970년대부터의 국제교육(international education)이나 개발교육(development education)의 차원에서 다문화 시민성 교육의 내용이 점차 다뤄지기 시작하였다(윤철경 · 박선영, 2011, pp.45-46). 따라서 일본의 다문화 시민성 교육의 검토는 이와 같은 개발교육 및 국제교육의 차원에서 살펴보기로 한다.

개발교육은 원래 '남북문제'의 부각과 맞물려 몇몇 유럽 국가들로부터 시작된 민간 차원의 교육활동이다(최은봉 · 박명희, 2006, p.334). 일본에 개발교육이 소개된 것은 1970년대 후반으로 1979년 동경에서 최초로 개발교육 심포지엄이 개최되었고, NGO 및 청소년 단체, 그리고 교사들을 중심으로 1980년 '개발교육연구회'를 발족하였다. 이어서 1982년 개발교육 전문 NGO인 개발교육협회(Development Education Association and Resource Center: DEAR)가 구성되었다. 이러한 노력과 더불어 일본 내에서 국제사회의 유기적 연계성의 이해와 개발로 인한 문제 원인과 실태의 이해를 돕는 강연이나 학습회를 개최하여 개발교육을 점차 확대해 나갔다. 하지만 아직까지 익숙하지 않은 주제와 학습 방법들로 인해 공교육 현장에서 개발교육이 도입되기는 어려웠다.

일본에서 개발교육의 전환점은 1989년으로 볼 수 있는데, 이 해에는 소련의 몰락과 함께 일본의 ODA 규모가 세계 1위를 달성한 해이기도 하다. 또한 일본이 유엔 아동협약을 비준한 해이기도 하면서 사회적으로 국제협력의 인식이 점차적으로 커지는 해였다. 이에 따라 1990년대부터 일본의 개발교육에서는 글로벌 이슈가 본격적으로 도입되었다. 세계 속에서 일본의 높아진 위상으로 인해 1990년대에 큰 규모의 국제 행사와 유엔 컨퍼런스 등이 일본에서 개최되었다. 또한 일본 내에서 다양한 교수학습 방법 개발 및 연구가 이루어졌다. 기존의 전통적인 교육방식으로는 다문화 교육의 학습목표를 달성하는 적합하지 않다는 인식하에 다양한 개발 NGO들이 토론이나 시뮬레이션, 참여 학습과 같은 방법을 강조하기 시작한 것이다. 또한 개발교육을 지원하기 위한 지역적 시도가 일본 전국으로 확대되어 1993년 개발교육협회는 주요 지방 및 지역에 활동 거점을 마련하고 활발한 지역 세미나 및 프로그램들을 개최하였다. 이렇게 1990년대 들어 일본의 개발교육은 큰 성장을 이룩하였고, 마침내 2000년대의 교육과정 개혁에 영향을 미치는 발판을 마련하였다(윤철경 · 박선영, 2011, p.47-48).

우리나라 교육부에 해당하는 일본의 문부과학성은 2002년에 시행된 7차 교육과정에서부터 통합적 학습을 위한 프로그램을 도입하여 실시하였다. 통합적 학습은 "기초 · 기본적 학습능력의 배양과 함께 스스로 생각하는 능력을 익혀서 문제해결 및 탐구활동에 주체적, 창조적으로 참여하는 태도를 배양"하는 것을 목적으로 한다. 통합적 학습은 초등학교에서 연간 105-110시간, 중학교에서는 70-130시간 정도가 배정되는데, 이는 학교별 재량에 따라 운영된다. 통합적 학습에서 다뤄질 수 있는 주제는 국제 이해, 정보, 환경, 복지, 건강 등에 관한 것으로 역시 학교별로 자유롭게 선택할 수 있으며, 여러 교과 간의 통합과 융합이 자유롭게 이뤄질 수 있다는 장점이 있다.

이와 같은 통합적 학습의 특징은 다문화 시민성 교육에 이점으로 작용할 수 있다. 왜냐하면 통합적 학습을 위한 시간만큼은 중앙정부가 간섭하지 않고, 개별 학교의 재량에 맡겨 학교와 교사가 교육과정의 내용 선정과 구성에 있어서 자율성을 확보할 수 있기 때문이다. 이로 인해 교사나 학교가 국제이해교육 및 다양한 지구적 관점의 사안들을 조직하게 학생들에게 가르칠 수 있게 되었다. 이는 또한 개발 NGO들이 학교와 연계하여 다문화 시민성을 위한 교육을 보다 원활하게 할 수 있게 만드는 계기를 마련하였다.

한편, 1982년 구성된 일본의 개발교육위원회(Development Education Council of Japan, DECJ)는 학생들의 참여를 강조하는 교육 방법을 구상하고 개발하고 있다. 다문화 시민성 교육은 아동 및 청소년의 삶과 연결시켜 그들이 지구적 사안들에 조금 더 관심을 갖도록 만드는 것이 중요한데, 사실 다문화 시민성 교육에서 자주 등장하는 빈곤, 난민, 기아 등과 같은 주제들은 낯설고 친숙하지 않은 것이 사실이다. 때문에 개발교육위원회에서는 학생들의 참여를 강화하는 방법을 2000년대 이후부터 시도하고 있다. 『좋은 무역이란 무엇인가?』, 『체험해 보자! 카레의 세계, 스파이스와 식문화의 다양성』, 『두근두근 개발교육』 등과 같은 교재는 참가형 학습방법을 중시하여 개발교육위원회에서 개발한 것들이다(최은봉 · 박명희, 2006, p.342). 학생들의 참여로 다문화 시민성의 주제에 더욱 관심을 가지고 보다 쉽게 이해할 수 있도록 만들기 위함이다. 또한 개발교육위원회는 학생들이 자신이 살고 있는 지역에서의 글로벌 이슈를 발견하여 해결해 나가는 학습 방법으로서 액션 리서치(action research)를 강조한다. 액션 리서치는 원래 일상현상에서 나타나는 문제를 해결하는 방법으로써 유용하게 사용될 수 있는 것으로 사회과의 학습 방법 중 하나인 '탐구학습(inquiry learning)'과 유사한 과정을 거친다. 학생들은 우선 지역사회에서 나타나는 현상을 관찰하여 그 중에서 문제점을 찾아내고 그 문제의 원인과 이유를 분석한다. 이후 문제를 해결하기 위한 가설을 세우고 자료를 수집하여 문제 해결을 위한 행동을 취한다. 그리고 마지막으로는 문제 해결의 과정을 평가한다. 이러한 과정에서 학생들은 문제를 해결하는 과정에서 성찰을 경험하고 지구적 사안에 보다 깊은 관심과 문제 해결을 위한 지식과 기능을 습득하게 된다.

5) 특징 및 시사점

지금까지 살펴본 미국, 캐나다, 영국, 일본의 다문화 시민성 교육의 내용을 바탕으로 정리해 볼 수 있는 특징은 다음과 같다.

첫째, 네 국가 모두 국가 수준의 교육과정에서 다문화 시민성 교육의 주제를 다루고 있다는 점이다. 영국은 2002년부터 교육과정에 시민교육 교과가 공식적으로 포함되기 시작하면서 교육과학기술부의 2004년 문서와 교육과정평가원의 2007년 문서 등을 계기로 다문화 시민성의 주제와 내용이 시민교육 교과과정 내에서 비중 있게 다뤄졌다. 일본에서도 2002년 제7차 교육과정에서부터 사회과 교육과정의 일부 주제로 다문화 시민성 교육을 다루고 있다. 미국은 주마다 약간씩 차이는 있지만, 사회과 교육에서도 핵심 역할을 담당하고 있는 NCSS에서 다문화 교육을 강조하고,

교육과정 예시를 제공함으로써 각 주 및 학교의 교육과정에 큰 영향을 미쳤다. 미국도 일본과 마찬가지로 사회과 교육과정의 일부 주제로서 다문화 시민성 교육을 다루고 있다.

둘째, 다문화 시민성 교육의 역사가 길지는 않지만 최근 들어 크게 강조되고 있다는 점이다. 특히 영국과 일본은 2000년대 이후의 교육과정에서 다문화 시민성을 본격적으로 다루고 있으며, 미국은 1970년대 말부터 본격적으로 다루기 시작했지만 미국 사회과 교육의 전체 시기를 놓고 볼 때는 역사가 그리 길지 않음을 알 수 있다. 이는 다문화 시민성 교육의 필요성에 대한 사회적 공감대와 국가적 차원에서의 관심이 커졌기 때문으로 볼 수 있으며, 점차 세계화되어 가고 있는 우리 주변의 생활환경과 교육환경도 큰 영향을 미쳤기 때문인 것으로 보인다.

셋째, 다문화 시민성 교육을 담당하고 핵심 교과로서 사회과가 큰 비중을 차지하고 있다. 이는 사회과의 목표 자체가 "good citizenship" 즉, 사회생활에 필요한 지식, 기능, 가치 · 태도 등을 형성하여 사회문제를 해결하고 유능한 시민을 길러내고자 하는 목표가 확장된 것이 결국 상호의존적인 세계에서의 다문화 시민성 교육의 목표이며, 사회과 외의 다른 교과 내용에서는 이를 적절하게 달성하기가 힘들기 때문이다. 따라서 영국, 미국, 일본 모두 시민교육 또는 사회과 교육의 교육과정 내에서 다문화 시민성 교육을 다루고 있는 것이며, 사회과가 중추적인 역할을 담당하는 이유이다.

넷째, 다문화 시민성 교육에서 민간 부문이 기여 또는 담당하고 있는 부분이 크다는 것이다. 특히 영국과 일본은 다문화 시민성이 민간 단체인 개발 NGO 등을 중심으로 발달하기 시작했다는 공통점이 있다(윤철경 · 박선영, 2011, p.57). 민간 단체를 중심으로 발달하기 시작했다는 점은 아래로부터의 자발성을 띠고 다문화 시민성 교육이 점차 확대되어 갔다는 것을 의미하며 이는 관계자들의 필요에 의해 교육이 확산되어 나갔다는 점에서 바람직하다. 그리고 현재는 영국과 일본 모두 민간 부문과 정부 부문이 긴밀한 협력을 유지하면서 발전 관계를 이루어 나가고 있다. 미국에서도 다문화 시민성의 관점과 철학적 배경에 관한 논의가 학계에서 굉장히 다양하게 이루어진다는 점 역시 정부 차원에서뿐만 아니라 그만큼 다양한 분야에서 관심을 기울이고 다문화 시민성 교육의 방향에 기여한다는 점에서 의미가 크다고 할 수 있다.

이와 같은 특징과 앞서 내린 분석을 바탕으로 우리나라의 다문화 시민성 교육에 주는 시사점을 언급하면 다음과 같다.

첫째, 다문화 시민성 교육의 활성화를 위해 민간단체 및 학계의 자발적인 참여가 요구된다. 일본은 NGO 및 민간단체의 개발교육을 시작으로 다문화 시민성 교육의 기반과 사회적 인식이 커지면서 국가교육과정까지 반영되었고, 영국은 Oxfam이라는 시민교육에 특화된 기관이 따로 있어서 중앙 정부 기관들과 긴밀히 협력하여 다문화 시민성 교육을 전개해 나가고 있다. 미국 또한 학계의 다양한 논의와 이론들이 뒷받침되어서 다문화 시민성의 주제와 내용을 더욱 풍부하게 만들어 주고 있다. 이에 반해 우리나라는 국가 교육과정에서 다문화 시민성의 내용 영역을 다루고 있기는 하지만 아직까지 민간 단체나 학계의 활발한 참여와 논의가 부족한 실정이다. 따라서 다양한 차원에서 다양한 주체와 방식으로 다문화 시민성의 활성화 및 협력 관계를 발전시켜 나가야 할 필요가 있다.

둘째, 다문화 시민성 교육을 위한 다양한 교수-학습 방법의 개발이 필요하다. 사회과를 학생에게 가르칠 때는 학생들의 삶과 긴밀한 연관해서 주제 및 내용을 다루는 것이 필수적으로 요청되는데, 다문화 시민성 교육은 그 주제 및 내용에 있어서 학생들의 생활 공간과 너무 동떨어지거나 직접 경험하기 어려워서 공감하기 어렵고 정의, 연대, 인권, 상호의존성과 같은 추상적인 것들로 이루어져 있다. 이러한 교육이 지식 전달 위주의 방식이나 단순한 동영상 시청 및 사진 자료의 감상과 같은 방법으로 이루어져서는 다문화 시민성 교육이 달성하고자 하는 목표를 이루기가 어렵다. 학생들은 자신의 삶과 관련성이 적은 추상적 내용들의 주입으로 인해 학습 의욕이 떨어지며, 흥미를 잃게 될 것이다. 따라서 영국의 Oxfam에서 제공하는 다양한 교육 방식이나 일본의 액션 리서치 같은 보다 활동적이고 실제적인 교수-학습 방법의 개발이 요청된다.

셋째, 자국의 필요와 배경이 교육 내용에 반영된다는 것에 유의해야 한다(윤철경 · 박선영, 2011, p.61). 영국은 다소 경제적인 분야에서의 다문화 시민성을 강조하는 측면이 크며, 일본의 경우 민족주의와 자국 우월주의가 다소 반영되어 있다. 우리나라도 점차 국제 사회에서 위상과 역할이 커지고 있으며 한반도를 둘러싼 긴장과 동북아시아의 역학 관계가 그 어느 때보다도 부각되고 있음을 알아야 한다. 우리도 이와 같은 상황을 고려하여 다문화 시민성을 구상해야 한다. 하지만 그것이 지나친 민족주의나 국수주의로 흘러가는 것을 경계하고 글로벌 사회의 책임 및 공존과 평화를 위한 방향으로 나아가도록 주의를 기울여야 한다.

Ⅳ. 한국 사회의 다문화 시민성 실태 및 다문화 시민 교육에 대한 수요 현황

Ⅳ. 한국 사회의 다문화 시민성 실태 및 다문화 시민 교육에 대한 수요 현황

1. 조사 개요

교육 분야의 연구는, 그 결과가 현장에 적용되는 것을 전제로 한다. 특히 이 책처럼 교육적 대안 제시를 목표로 하는 연구는 현장에서 구현될 때에야 비로소 진정한 의의를 갖는다고 할 수 있다. 따라서 현장 적합성과 실현 가능성을 항상 염두에 두어야 한다. 이를 확보하기 위해서는 현장에 대한 정확한 이해와 교육적 수요의 실제적인 파악이 필요하다. 이를 위해 잠재적 학습자를 대상으로 다문화 시민성의 현황을 조사하고 다문화적 시민 교육에 대한 관심과 의견, 수요를 조사 파악하였다.

ㅁ 설문조사 수행 일정표

연구 참여자 모집	2016년 4월 11일 ~ 2016년 4월 18일
설문지 수합	2016년 4월 12일 ~ 2016년 4월 25일
설문지 coding	2016년 4월 20일 ~ 2016년 4월 27일
통계분석	2016년 4월 27일 ~ 2016년 4월 29일
분석결과 논의 및 기술	2016년 4월 30일 ~ 2016년 5월 10일

□ 조사대상자 선정

연구참여자는 전국 대상으로 표집하였으며 그 규모는 100명이다. 지역별 · 성별 · 연령별로 구획화된 세부 집단이 모두 통계적으로 유의한 수준을 유지할 수 있도록 총 연구참여자의 수를 1,000명으로 설정하였다.

□ 설문도구

설문 내용은 아래와 같다.

<table>
<tr><th rowspan="2">표집시
고려 변수</th><th colspan="2">설문 내용</th><th rowspan="2">비고</th></tr>
<tr><th>■ 일반 다문화 시민 교육에 대한 의견</th><th>■ 다문화적 시민성 수준</th></tr>
<tr><td>성별
연령별
지역별
(도시/촌락)</td><td>–시민교육의 목표 인식
–사회 시민교육의 필요성
–사회 시민교육의 내용
–사회 시민교육의 접근방식
–사회 갈등요인
한국 사회 갈등에 대한 인식(원인, 심각성, 대책 등)
–사회 시민교육에 대한 경험, 인식</td><td>■ 지식 차원
–다문화화에 대한 인지
–다양성에 대한 인식
■ 가치 · 태도 차원
–다양성에 대한 수용성
–다양성에 대한 관용성
–소수자와 연대하려는 태도
–문화적 소수자에 대한 배려
■ 실천적 · 행동적 차원
–편견 해소 및 차별 배제를 위해 노력하려는 의지
–상호작용에 대한 효능감
■ 다문화 정책 및 법률에 대한 인식
–이주자 정책
–다문화 교육 정책 등</td><td></td></tr>
</table>

□ 조사 대상별 참여자 선정 방법

중학교와 고등학교, 수도권 학교와 지방 학교, 도시 지역 학교와 촌락 지역 학교의 균형을 고려하여 학교를 선정한 후 학교의 협조를 구하여 학부모 공지를 하고 연구참여자를 모집하였다.

2. 다문화적 시민성 조사 결과

이 장에서는 다문화 법률 및 제도, 다문화 교육의 시민 인식과 이해 수준을 확인하기 위하여 만 20세 이상의 일반 시민을 대상으로 설문 조사를 실시하였다. 설문조사는 편의표집 방식으로 연구 대상자를 선정하였으며, 연구의 시간적 · 공간적 제약 상 서울대학교 부설학교 2개교(여자중학교, 고등학교)의 학부모를 대상으로 하였다. 총 1,000부의 설문지를 학생에게 배포하였고, 그 중 514명의 응답이 회수되었다(회수율 51.4%). 설문 문항은 현행 다문화 법률 및 정책 인식, 다문화 구성원 별 지원 정책 인식, 다문화 구성원 지원 여부 숙지 정도 등을 묻는 문항으로 구성되었다.

1) 응답자 특성

표 23 응답자의 특성

일반시민		사례수	%
	전체	514	100.0
성별	남성	85	16.5
	여성	378	73.5
	결측값	51	9.9
연령	20대	6	1.2
	30대	30	5.6
	40대	332	64.6
	50대	77	15.0
	결측값	69	13.6
최종학력	고졸	159	30.9
	대학 재학 중	41	8.0
	대학 졸업	208	40.5
	대학원 이상	41	8.0
	기타	1	0.2
	결측값	64	12.5
경제적 계층에 대한 인식	하층	52	10.1
	중하층	117	22.8
	중류층	244	47.5
	중상층	51	9.9
	상층	4	0.8
	결측값	46	8.9
거주지역	서울특별시	425	82.8
	대구광역시	1	0.2
	부산광역시	35	6.8
	경기도	1	0.2
	경상남도	16	3.2
	결측값	35	6.8
다문화관련 직종 종사경험	현재 종사하고 있음	12	2.3
	과거에 종사함(현재 종사하지 않음)	15	2.9
	종사한 경험 없음	447	87.0
	결측값	40	7.8

일반시민대상 조사 참여한 응답자는 남성 85명(16.5%), 여성 378명(73.5%)으로 총 514명이다. 응답자의 64.6%(332명)가 40대에 속하였고, 15.0%(77명)가 50대에 속하였으며, 459명이 자녀가 있다고 응답하였다. 응답자의 최종학력은 대학졸업이 208명(40.5%)로 가장 많았고, 다음으로 고졸 159명(30.9%), 대학 재학중 41명(8.0%), 대학원 이상 41명(8.0%) 순으로 나타났다. 자신의 경제적 계층을 47.5%가 중류층으로 인식하고 있었으며, 82.8%가 서울특별시에 거주하고 있었다. 다문화 관련 직종에 종사한 경험은 종사한 경험이 없는 응답자가 447명(87.0%)으로 가장 많았고, 과거에 종사하였거나(15명, 2.9%), 현재 종사하고 있는(12명, 2.3%) 응답자 순으로 나타났다. 종사하였던 다문화관련 직종으로는 '다문화센터 봉사, 사회복지사, 다문화강사, (외국인근로자가 있는) 공장근무, 다문화센터 근무, 공무원, 다문화 어린이집 교사, 다문화전공' 등이 있는 것으로 나타났다.

표 24 일상에서 이주노동자, 국제결혼이주자, 북한이탈주민, 다문화가정 아동 등을 만날 기회

일반시민	사례수(명)	비율(%)
전체	514	100.0
거의 만날 기회가 없다	311	60.5
1달에 1~2회 정도 만난다	88	17.1
1주일에 1~2회 정도 만난다	33	6.4
1주일에 3~4회 정도 만난다	20	3.9
거의 매일 만난다	27	5.3
결측값	35	6.8

일상에서 이주노동자, 국제결혼이주자, 북한이탈주민, 다문화가정 아동 등 다문화 구성원을 만날 기회에 대한 문항은 ‘거의 만날 기회가 없다’ 60.5%, ‘1달에 1~2회 정도 만난다’ 17.1%, ‘1주일에 1~2회 정도 만난다’ 6.4%, ‘거의 매일 만난다’ 5.3%, ‘1주일에 3~4회 정도 만난다’ 3.9% 순으로 나타났다. 일상에서 다문화 구성원을 만난다고 응답한 경우 교류하는 다문화 구성원의 유형으로는 국제결혼 가정 자녀, 국제결혼이주자, 이주노동자(사무직, 어학원강사, 공장노동자, 가사도우미 등), 유학생, 성인북한이탈주민, 북한이탈 아동 및 청소년 등이 있는 것으로 나타났다.

2) 다문화 법률 및 정책에 대한 인식

(1) 현행 다문화 정책(사업) 만족도

우리나라에서 현재 진행되고 있는 다문화 정책(사업)의 내용 및 운영 등에 대해 만족하는 정도는 ‘보통이다’는 응답이 59.5%, ‘그렇지 않다’가 15.4%, ‘그렇다’가 13.2%로 나타났다. ‘전혀 그렇지 않다’를 1점으로, ‘매우 그렇다’를 5점으로 두었을 때, 평균 2.93점으로 나타나, 현행 다문화 정책(사업)에 전반적으로는 만족하고 있지만, 부정적인 응답이 긍정적인 응답보다 조금 많음을 알 수 있다.

표 25 현행 다문화정책(사업)의 내용 및 운영 등에 대한 만족도

	빈도(명)	비율(%)
① 전혀 그렇지 않다	17	3.3
② 그렇지 않다	79	15.4
③ 보통이다	306	59.5
④ 그렇다	68	13.2
⑤ 매우 그렇다	5	1.0
유효응답	475	92.4
결측값	39	7.6
전체	514	100.0
평균	2.93	

그림 6 현행 다문화정책(사업)의 내용 및 운영 등에 대한 만족도

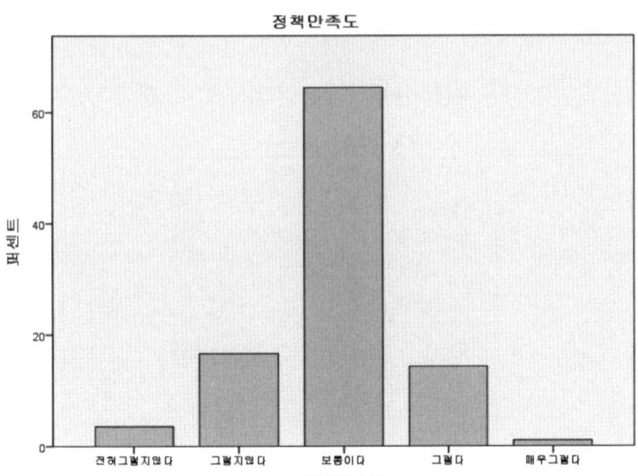

(2) 현행 다문화정책(사업)의 내용 이해(숙지) 정도

현행 다문화정책(사업)의 내용을 잘 알고 있는지는 '그렇지 않다'가 43.8%, '보통이다'가 31.1%, '전혀 그렇지 않다'가 14.8%로 나타났다. 반면

표 26 현행 다문화정책(사업) 내용의 이해(숙지) 정도

	빈도(명)	비율(%)
① 전혀 그렇지 않다	76	14.8
② 그렇지 않다	225	43.8
③ 보통이다	160	31.1
④ 그렇다	26	5.1
⑤ 매우 그렇다	3	0.6
유효응답	490	95.3
결측값	24	4.7
전체	514	100.0
평균	2.29	

그림 7 현행 다문화정책(사업) 내용의 이해(숙지) 정도

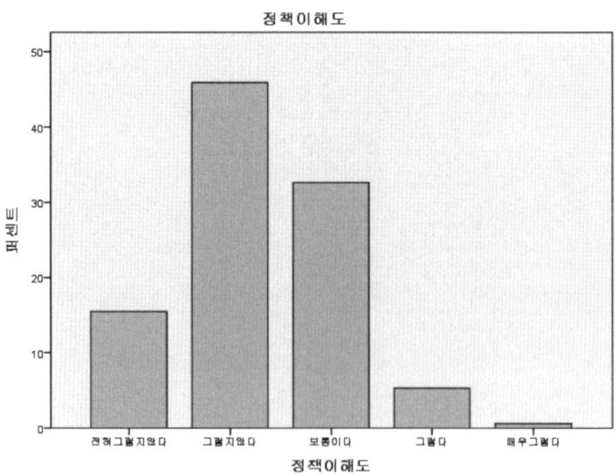

잘 알고 있다고 생각하는 '그렇다'(5.1%)와 '매우 그렇다'(0.6%)가 매우 저조하게 나타났다. '전혀 그렇지 않다'를 1점으로, '매우 그렇다'를 5점으로 두었을 때 평균은 2.29점으로, 일반 시민들은 자신이 현행 다문화정책(사업)의 내용을 대체적으로 잘 알고 있지 못한다고 인식하고 있음을 알 수 있다.

(3) 알고 있는 다문화 법 및 정책(사업)

응답자가 자신이 알고 있는 다문화 법 및 정책(사업)을 모두 기록하는 문항에서, '한국어 교육'(20.5%), '아동 보육 · 양육 · 교육'(14.6%), '다문화

표 27 알고 있는 다문화 법 및 정책(사업)

	빈도(명)	비율(%)		빈도(명)	비율(%)
한국어 교육	38	20.5	사회정착지원	5	2.7
아동 보육 · 양육 · 교육	27	14.6	의료지원	5	2.7
다문화가족지원법	24	13.0	방과후학습제공	5	2.7
교육지원	17	9.2	다문화중점학교	4	2.2
다문화 가족 지원센터	15	8.1	다문화이해교육	3	1.6
생활지원	9	4.8	장학사업	2	1.1
일자리제공	9	4.8	결혼이주여성쉼터	2	1.1
통역	6	3.3	재한외국인처우기본법	2	1.1
다문화 청소년 복지 지원	5	2.7	나눔봉사	2	1.1
상담 센터	5	2.7	기타(결혼이민자정책, 생활보장정책, 이중언어교육, 법률지원, 다문화가정 할인 혜택, 국적취득시험)		

가족지원법'(13.0%), '교육지원'(9.2%) 등이 높게 나타났다. 이외에도 생활지원, 일자리제공, 통역지원, 상담센터, 의료지원, 장학사업 등이 알고 있는 다문화 법 및 정책(사업)으로 제시되었다.

(4) 다문화 인식 개선을 위한 일반시민 대상 다문화 교육 필요성

일반시민의 다문화 인식 개선을 위한 교육의 필요성을 묻는 문항에 대해, '그렇다'(58.9%), '보통이다'(21.6%), '매우 그렇다'(11.3%)로 나타났다. 즉 일반시민들은 다문화 인식 개선을 위한 교육의 필요성을 매우 강하게 느끼고 있으므로, 일반시민 대상 다문화 교육이 보강되어야 함을 알 수 있다.

표 28 다문화 인식 개선을 위한 일반시민 대상 교육 필요성

	빈도(명)	비율(%)
① 전혀 그렇지 않다	4	0.8
② 그렇지 않다	18	3.5
③ 보통이다	111	21.6
④ 그렇다	303	58.9
⑤ 매우 그렇다	58	11.3
유효응답	494	96.1
결측값	20	3.9
전체	514	100.0
평균	3.78	

그림 8 다문화 인식 개선을 위한 일반시민 대상 교육 필요성

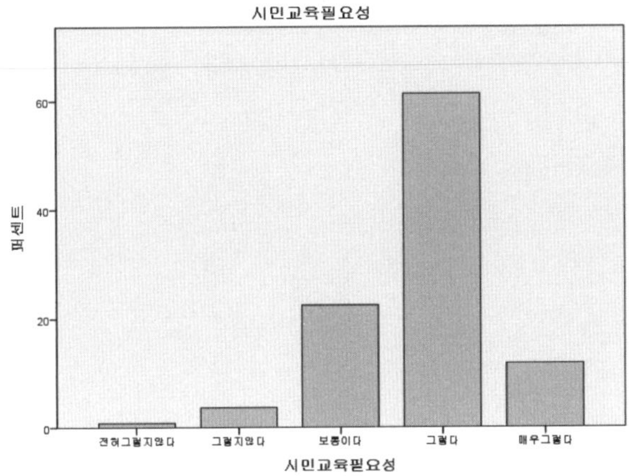

(5) 다문화 인식 개선을 위한 학생 대상 학교 교육 필요성

다문화 인식 개선을 위해 학교 내에서 학생을 대상으로 한 교육이 이루어져야 하는가에 대하여 '그렇다'(60.9%), '보통이다'(17.3%), '매우 그렇다'(14.2%)가 '전혀 그렇지 않다'(1.6%), '그렇지 않다'(2.5%)의 응답보다 압도적으로 높게 나타났다. 이는 '전혀 그렇지 않다'를 1점으로, '매우 그렇다'를 5점으로 두었을 때 평균이 3.87점으로 나타난 것으로도 알 수 있다. 응답자들이 학생들의 다문화 인식 개선을 위한 교육이 학교에서 공식적으로 제공되어야 한다고 생각하고 있음을 추측할 수 있다.

표 29 다문화 인식 개선을 위한 학생 대상 학교교육 필요성

	빈도(명)	비율(%)
① 전혀 그렇지 않다	8	1.6
② 그렇지 않다	13	2.5
③ 보통이다	89	17.3
④ 그렇다	313	60.9
⑤ 매우 그렇다	73	14.2
유효응답	496	96.5
결측값	18	3.5
전체	514	100.0
평균	3.87	

그림 9 다문화 인식 개선을 위한 학생 대상 학교교육 필요성

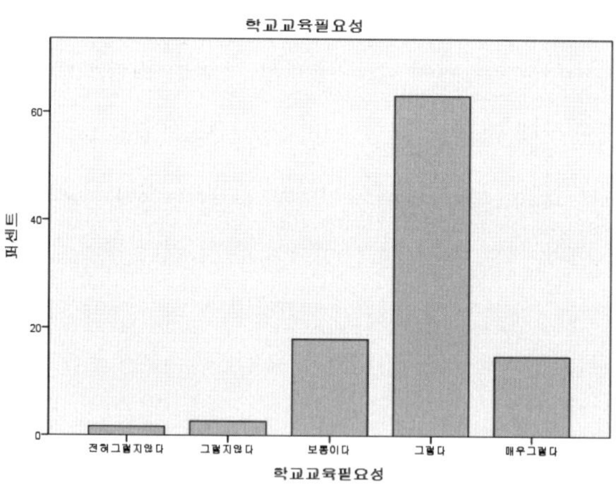

(6) 다문화 인식 개선을 위한 정책 강화 필요성

사회 구성원의 다문화 인식 개선을 위해 전국적 캠페인을 벌이는 등의 다문화 정책의 강화 필요성에 '그렇다'가 48.4%, '보통이다'가 30.5%, 평균

표 30 다문화 인식 개선을 위한 정책 강화 필요성

	빈도(명)	비율(%)
① 전혀 그렇지 않다	5	1.0
② 그렇지 않다	34	6.6
③ 보통이다	157	30.5
④ 그렇다	249	48.4
⑤ 매우 그렇다	49	9.5
유효응답	494	96.1
결측값	20	3.9
전체	514	100.0
평균	3.61	

그림 10 다문화 인식 개선을 위한 정책 강화 필요성

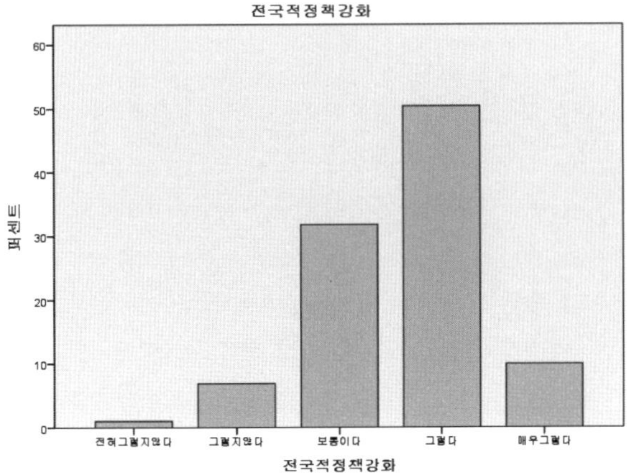

3,61점으로 나타났다. 즉 우리 사회의 구성원은 다문화에 대한 인식 개선의 필요성을 느끼고 있으며, 이를 위해 생활 속에서 다문화를 접하고 이해할 수 있는 다양한 정책이 강화되어야 함을 알 수 있다.

(7) 다문화 관련 통합 법(정책)의 우선 지원 대상

이 문항에서는 다문화 관련 통합 법 또는 정책이 다문화 구성원을 지원한다고 할 때, 가장 우선적으로 지원해야 한다고 생각하는 대상을 2개 선택하도록 하였다. 그 결과, '국제결혼가정 자녀'가 36.2%로 가장 높게 나타났고, '합법적 외국인 근로자'가 23.8%, '결혼이주자'가 19.3%순으로 나타났다. 한편 '불법체류외국인'이 6.3%, '난민'이 5.7%, '외국 국적 동포'

표 31 다문화 관련 통합 법(정책)의 우선 지원 대상(복수응답)

	빈도(명)	비율(%)
① 외국 국적 동포	42	4.4
② 재외국민	18	1.9
③ 결혼이주자	183	19.3
④ 국제결혼가정 자녀	344	36.2
⑤ 난민	54	5.7
⑥ 합법적 외국인 근로자	226	23.8
⑦ 불법체류외국인	60	6.3
⑧ 기타	3	0.3
⑨ 없음	19	2.0
유효응답	487	
결측값	16	
전체	503	

가 4.4%, '재외국민' 1.9%, '없음'이 2.0%로 나타났다. 즉 미성년자인 국제결혼가정의 자녀 지원이 가장 우선적으로 제공되어야 하며, 불법체류외국인 보다는 합법적으로 체류하는 외국인 근로자 지원이 우선되어야 한다고 인식하고 있음을 알 수 있다.

(8) 다문화 구성원의 자국문화 유지 지원

우리나라에 체류하는 모든 다문화 구성원이 가능한 한 그들의 자국 고유의 문화를 유지할 수 있도록 다문화 법령 및 제도로 보장 및 지원을 제공해야 하는가에 대해 '보통이다'(40.1%), 긍정적인 응답으로 '그렇다'(37.7%), '매우 그렇다'(3.7%)로 나타났고, 부정적인 응답으로 '그렇지 않다'(13.6%), '전혀 그렇지 않다'(1.4%)로 나타났다. 즉, 우리나라의 다문화 법령 및 제도에 다문화 구성원이 자신의 출신국의 고유문화를 유지할 수 있도록 보장하고 지원해야 하는 내용이 포함되어야 한다는 인식이 포

표 32 다문화 구성원의 자국문화 유지 지원

	빈도(명)	비율(%)
① 전혀 그렇지 않다	7	1.4
② 그렇지 않다	70	13.6
③ 보통이다	206	40.1
④ 그렇다	194	37.7
⑤ 매우 그렇다	19	3.7
유효응답	496	96.5
결측값	18	3.5
전체	514	100.0
평균	3.298	

그림 11 다문화 구성원의 자국문화 유지 지원

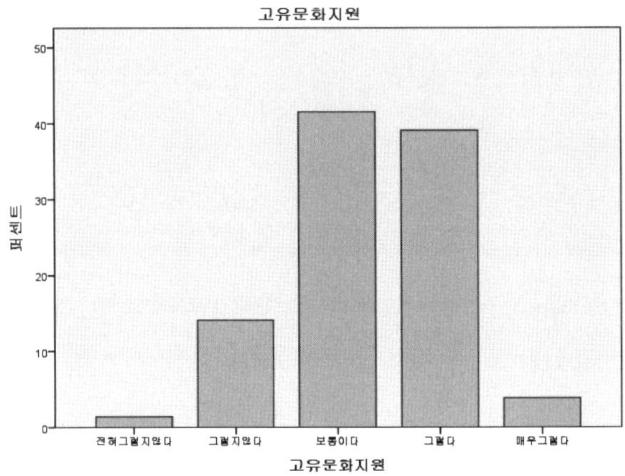

함되지 않아야 한다는 인식보다 조금 더 큰 비율로 나타남을 알 수 있다.

(9) 다문화 정책 통합 법 제정 필요성

현재 다문화가족지원법, 재한외국인처우기본법, 국적법 등에 분산되어 있는 우리나라의 다문화 법령 및 정책을 통합하는 법을 새롭게 제정할 필요성에 '그렇다'(41.2%), '매우 그렇다'(5.3%)로 '전혀 그렇지 않다'(1.0%)와 '그렇지 않다'(9.9%)보다 높게 나타났다. 응답자 대부분이 현행 다문화 관련 정책을 통합할 수 있는 새로운 법의 제정이 필요하다고 인식하고 있음을 알 수 있다.

표 33 다문화 정책 통합 법 제정 필요성

	빈도(명)	비율(%)
① 전혀 그렇지 않다	5	1.0
② 그렇지 않다	51	9.9
③ 보통이다	191	37.2
④ 그렇다	212	41.2
⑤ 매우 그렇다	27	5.3
유효응답	486	94.6
결측값	28	5.4
전체	514	100.0
평균	3.42	

그림 12 다문화 정책 통합 법 제정 필요성

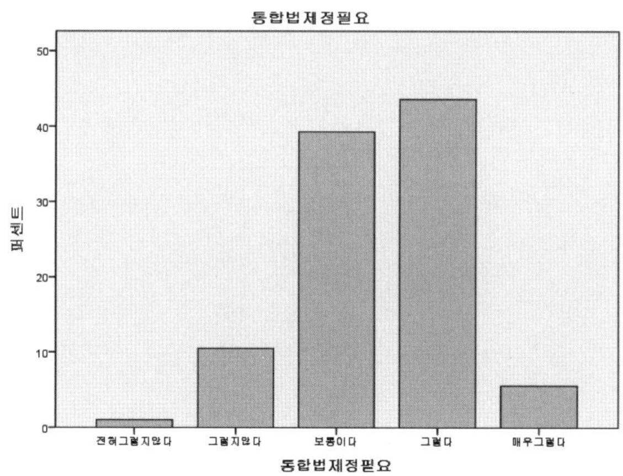

(10) 국적취득 시 한국에 대한 교육의 법적 (정책적) 지원 강화 필요성

외국인이 우리나라의 국적을 취득하고자 할 때 한국어와 한국문화 이해 교육을 이수하도록 법적 (정책적) 지원이 강화되어야 하는가의 질문

표 34 국적취득 시 한국에 대한 교육의 법적 (정책적) 지원 강화 필요성

	빈도(명)	비율(%)
① 전혀 그렇지 않다	3	0.6
② 그렇지 않다	13	2.5
③ 보통이다	97	18.9
④ 그렇다	296	57.6
⑤ 매우 그렇다	85	16.5
유효응답	495	96.3
결측값	20	3.7
전체	515	100.0
평균	4.1	

그림 13 국적취득 시 한국에 대한 교육의 법적 (정책적) 지원 강화 필요성

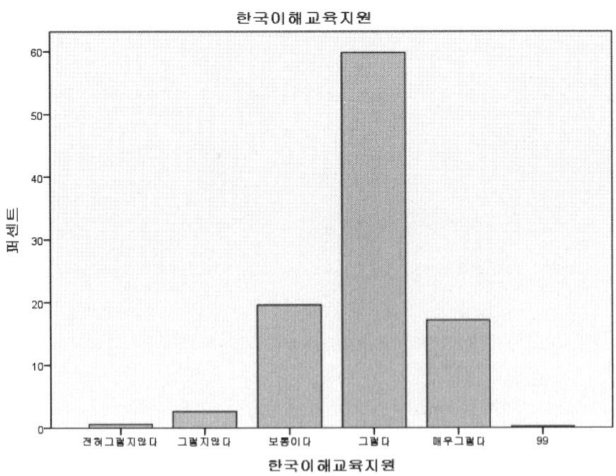

에 '그렇다'는 응답이 57.6%, '매우 그렇다'가 16.5%로 나타났다. 즉 응답자들은 외국인이 우리나라의 국적을 취득할 때 한국어 능력의 향상, 한국 문화의 이해 향상을 위한 교육에 대한 법적 (정책적) 지원 강화의 필요성을 매우 강하게 인식하고 있음을 알 수 있다.

(11) 이중국적 허용 여부

이중국적이 허용되어야 하는가에 '그렇지 않다'(34.4%), '보통이다'(25.5%), '전혀 그렇지 않다'(14.8%)로 나타났다. 이중국적 허용의 긍정적인 인식보다 부정적인 인식이 매우 강한 것을 알 수 있다. 일반시민들의 이중국적의 허용 여부의 인식은 이중국적의 정책 결정시 심도있게 고려되어야 할 것이다.

표 35 이중국적 허용 여부

	빈도(명)	비율(%)
① 전혀 그렇지 않다	76	14.8
② 그렇지 않다	177	34.4
③ 보통이다	131	25.5
④ 그렇다	90	17.5
⑤ 매우 그렇다	17	3.3
유효응답	491	95.5
결측값	23	4.5
전체	514	100.0
평균	2.582	

그림 14 이중국적 허용 여부

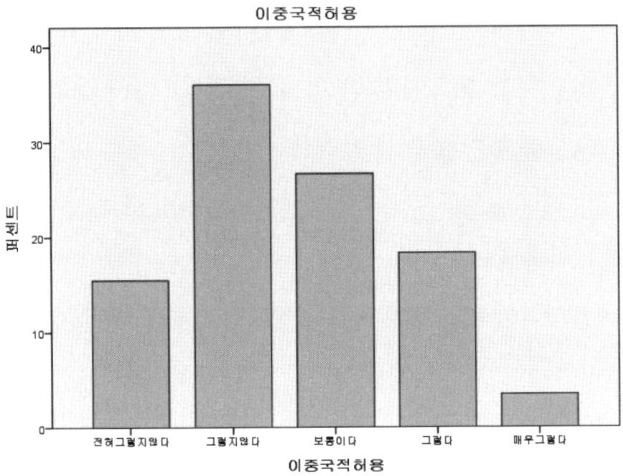

(12) 현행 다문화 관련 법령 및 제도 중 개선되어야 할 부분

현재 진행되고 있는 다문화 관련 법령 및 제도 중 개선되어야 할 부분이 무엇인지 자유로운 의견을 물었다. 응답자 자신부터 다문화 법 및 정책을 거의 알지 못하며, 다문화 법 및 정책의 홍보가 강화되어야 하고, 다문화 인식 개선을 위한 정책이 강화되고, 일반시민의 다문화 이해 향상이 우선되어야 한다는 응답이 가장 많이 제기되었다. 이외에 '문화적, 경제적 차별 금지, 차별, 편견 해소, 제도보다도 인식개선 우선, 한국문화로의 통합, 동화에만 치중된 점 개선 필요'와 같이 사회 전반의 다문화 인식 개선과 차별 · 편견해소가 필요하다는 의견이 있었고, '다문화 구성원의 사회 적응을 위한 재교육 필요, 이주자녀의 교육지원 필요, 언어 소통 지원, 다문화 미성년자에 관한 지속 지원 필요, 다문화가족의 건강관리 및 의료정책, 결혼이주여성의 한국 문화 적응지원, 심리 상담 필요, 결혼이주자의 자립을 위한 일자리 창출' 등과 같이 다문화 구성원의 사회 적응과, 특히 다문화 미성년자에게 구체적인 지원이 필요하다는 의견이 다수 있었다. 한편, '불법체류자 지나친 지원 축소, 불법체류자 강력 처벌 및 퇴출, 무조건 베푸는 식의 복지, 지원 축소, 한국국적 발급 제도의 기준 엄격화, 내국인과 동일한 법적 의무 부과, 무조건 지원은 역차별' 등과 같이 다문화 구성원에게 무조건적인 지원과 혜택보다는 엄격한 제한과 기준에 따른 정책 집행을 강조하는 의견도 제기되었다.

이 분석으로 다문화 구성원 지원 정도, 다문화 구성원의 유형별 지원 정도 등의 인식이 안정적인 지원을 제공해야 한다는 인식과 엄격한 기준에 의한 차등적 지원을 제공해야 한다는 인식 등으로 다양함을 알 수 있다.

(13) 다문화 구성원과 만날 기회

응답자가 일상생활에서 다문화 구성원과 만날 기회가 어느 정도인지를 알아보기 위하여 다문화 구성원 유형 별 접촉 빈도를 질문하였다. 외국국적동포의 경우 '거의 만날 기회가 없다'가 58.8%, '1년에 1~2회 정도 만난다'가 19.8%로 나타났다. 재외국민의 경우에도 '거의 만날 기회가 없다'가 59.1%, '1년에 1~2회 정도 만난다'가 16.1%였으며, 결혼이주자의 경우 '거의 만날 기회가 없다' 51.8%, '1년에 1~2회 정도 만난다' 18.5%로 나타났다. 즉 대부분의 응답자가 외국국적동포, 재외국민, 결혼이주자와는 일상생활에서 거의 만날 기회가 없음을 알 수 있다.

국제결혼가정의 자녀와 만날 기회는 '거의 만날 기회가 없다'가 49.2%로 가장 많았지만, '1년에 1~2회 정도 만난다' 19.6%, '1달에 1~2회 정도 만난다' 10.9%로 나타나 다른 다문화 구성원보다는 일상생활에서의 접촉 빈도가 조금 더 높은 것을 알 수 있다. 한편 난민의 경우 '거의 만날 기회가 없다'가 80.9%로 아직 일반 시민들은 일상생활에서 난민을 거의 접해 보지 못한 것을 알 수 있다.

표 36 외국국적동포와 만날 기회

	빈도(명)	비율(%)
거의 만날 기회가 없다	302	58.8
1년에 1~2회 정도 만난다	102	19.8
1달에 1~2회 정도 만난다	28	5.4
1주일에 1~2회 정도 만난다	15	2.9
1주일에 3~4회 이상 만난다	14	2.7
유효응답	461	89.7
결측값	53	10.3
전체	**514**	**100.0**

표 37 재외국민과 만날 기회

	빈도(명)	비율(%)
거의 만날 기회가 없다	304	59.1
1년에 1~2회 정도 만난다	83	16.1
1달에 1~2회 정도 만난다	25	4.9
1주일에 1~2회 정도 만난다	12	2.3
1주일에 3~4회 이상 만난다	11	2.1
유효응답	435	84.6
결측값	79	15.4
전체	**514**	**100.0**

외국인 근로자의 경우, 불법적 외국인 근로자보다 합법적 외국인 근로자를 만나는 빈도가 더 높게 나타났다. 하지만 기타 의견 중 '외국인 근로자가 합법인지 불법인지 표면적으로는 알 수 없다'는 의견 등이 제기되어

표 38 결혼이주자와 만날 기회

	빈도(명)	비율(%)
거의 만날 기회가 없다	266	51.8
1년에 1~2회 정도 만난다	95	18.5
1달에 1~2회 정도 만난다	53	10.3
1주일에 1~2회 정도 만난다	30	5.8
1주일에 3~4회 이상 만난다	12	2.3
유효응답	456	88.7
결측값	58	11.3
전체	**514**	**100.0**

표 39 국제결혼가정 자녀와 만날 기회

	빈도(명)	비율(%)
거의 만날 기회가 없다	253	49.2
1년에 1~2회 정도 만난다	101	19.6
1달에 1~2회 정도 만난다	56	10.9
1주일에 1~2회 정도 만난다	23	4.5
1주일에 3~4회 이상 만난다	28	5.4
유효응답	461	89.6
결측값	53	10.3
전체	**514**	**100**

서 불법적 외국인 근로자도 합법적 외국인 근로자 못지않게 일상생활에서 많이 접촉하고 있을 것으로 추측된다.

표 40 난민과 만날 기회

	빈도(명)	비율(%)
거의 만날 기회가 없다	416	80.9
1년에 1~2회 정도 만난다	10	1.9
1달에 1~2회 정도 만난다	4	.8
1주일에 1~2회 정도 만난다	1	.2
1주일에 3~4회 이상 만난다	1	.2
유효응답	432	84
결측값	82	16
전체	514	100

표 41 합법적 외국인 근로자와 만날 기회

	빈도(명)	비율(%)
거의 만날 기회가 없다	271	52.7
1년에 1~2회 정도 만난다	85	16.5
1달에 1~2회 정도 만난다	54	10.5
1주일에 1~2회 정도 만난다	23	4.5
1주일에 3~4회 이상 만난다	16	3.1
유효응답	449	87.3
결측값	65	12.6
전체	514	100

표 42 불법체류외국인과 만날 기회

	빈도(명)	비율(%)
거의 만날 기회가 없다	381	74.1
1년에 1~2회 정도 만난다	32	6.2
1달에 1~2회 정도 만난다	15	2.9
1주일에 1~2회 정도 만난다	3	.6
1주일에 3~4회 이상 만난다	7	1.4
유효응답	438	85.2
결측값	76	14.8
전체	514	100

3) 다문화 구성원 지원 여부 숙지 정도

우리나라의 다문화 구성원 지원 법령 및 정책을 일반 시민이 얼마나 알고 있는지를 측정하기 위해 다문화 구성원별 지원 및 보장의 구체적인 내용이 맞다고 생각하면 '그렇다'를, 틀리다고 생각하면 '그렇지 않다'를, 모를 경우 '모르겠다'를 선택하도록 문항을 구성하였다. 이 문항의 응답은 다음과 같다.

표 43 다문화 구성원 지원 여부 숙지 정도

		전체 514명					
		그렇다	그렇지 않다	모르겠다	유효 응답	결측값	총합계
1. 합법 체류 외국인 근로자도 의료보험 가입 및 혜택을 받을 수 있다.	빈도(명)	262	83	148	493	21	
	비율(%)	51.0	16.1	28.8	95.9	4.1	100
2. 합법 체류 외국인 근로자에게 지방선거 투표권이 있다.	빈도(명)	53	262	177	492	22	
	비율(%)	10.3	51.0	34.4	95.7	4.3	100
3. 합법 체류 외국인 근로자도 최저임금을 적용 받을 수 있다.	빈도(명)	300	62	128	490	24	
	비율(%)	58.4	12.1	24.9	95.3	4.7	100
4. 합법 체류 외국인 근로자에게 이중언어교육이 제공되고 있다.	빈도(명)	183	109	194	486	28	
	비율(%)	35.6	21.2	37.7	94.6	5.4	100
5. 불법 체류 외국인을 고용하면 고용주가 처벌받는다.	빈도(명)	320	51	115	486	28	
	비율(%)	62.3	9.9	22.4	94.6	5.4	100
6. 불법 체류 외국인도 일정기간 이상 근로했을 경우 퇴직금을 받을 수 있다.	빈도(명)	101	210	181	492	22	
	비율(%)	19.6	40.9	35.2	95.7	4.3	100
7. 불법 체류 외국인의 자녀도 초등학교 교육을 받을 수 있다.	빈도(명)	136	167	189	492	22	
	비율(%)	26.5	32.5	36.8	95.7	4.3	100
8. 불법 체류 외국인도 운전면허를 딸 수 있다.	빈도(명)	24	297	172	493	21	
	비율(%)	4.7	57.8	33.5	95.9	4.1	100
9. 불법 체류 외국인도 건강보험의 혜택을 받을 수 있다.	빈도(명)	28	309	156	493	21	
	비율(%)	5.4	60.1	30.4	95.9	4.1	100
10. 불법 체류 외국인이 장기간 거주하면 체류자격을 받을 수 있다.	빈도(명)	30	296	167	493	21	
	비율(%)	5.8	57.6	32.5	95.9	4.1	100
11. 외국 국적 동포도 지방선거 투표권이 있다.	빈도(명)	48	259	184	491	23	
	비율(%)	9.3	50.4	35.8	95.5	4.5	100
12. 외국 국적 동포도 건강보험의 혜택을 받을 수 있다.	빈도(명)	91	215	178	484	30	
	비율(%)	17.7	41.8	34.6	94.2	5.8	100
13. 외국 국적 동포가 국내거소신고를 한 후 이전한 때에는 일정 기간 이내에 그 사실을 신고해야한다.	빈도(명)	254	39	198	491	23	
	비율(%)	49.4	7.6	38.5	95.5	4.5	100
14. 외국 국적 동포가 예금 · 적금의 가입, 입출금 등 국내 금융기관을 이용할 때 대한민국 국민과 동등한 권리를 갖는다.	빈도(명)	161	109	223	493	21	
	비율(%)	31.3	21.2	43.4	95.9	4.1	100
15. 외국 국적 동포의 자녀도 초등학교 교육을 받을 수 있다.	빈도(명)	291	52	147	490	24	
	비율(%)	56.6	10.1	28.6	95.3	4.7	100

		전체 514명					
		그렇다	그렇지 않다	모르겠다	유효 응답	결측값	총합계
16. 국적 취득 전 결혼이주자에게 이중언어교육이 제공되고 있다.	빈도(명)	189	83	220	492	22	
	비율(%)	36.8	16.1	42.8	95.7	4.3	100
17. 국적 취득 전 결혼이주자도 지방선거 투표권이 있다.	빈도(명)	64	218	212	494	20	
	비율(%)	12.5	42.4	41.2	96.1	3.9	100
18. 국적 취득 전 결혼이주자도 의료보험 가입 및 혜택을 받을 수 있다.	빈도(명)	134	161	199	494	20	
	비율(%)	26.1	31.3	38.7	96.1	3.9	100
19. 국적 취득 전 결혼이주자도 학력 취득, 취업 등을 위한 교육지원을 받을 수 있다.	빈도(명)	171	120	204	495	19	
	비율(%)	33.3	23.3	39.7	96.3	3.7	100
20. 국적 취득 전 결혼이주자의 자녀도 초등학교 교육을 받을 수 있다.	빈도(명)	228	83	183	494	20	
	비율(%)	44.4	16.1	35.6	96.1	3.9	100
21. 난민에게 이중언어교육이 제공되고 있다.	빈도(명)	82	116	294	492	22	
	비율(%)	16.0	22.6	57.2	95.7	4.3	100
22. 난민의 자녀도 초등학교 교육을 받을 수 있다.	빈도(명)	136	106	251	493	21	
	비율(%)	26.5	20.6	48.8	95.9	4.1	100
23. 난민도 운전면허를 딸 수 있다.	빈도(명)	61	145	286	492	22	
	비율(%)	11.9	28.2	55.6	95.7	4.3	100
24. 난민도 의료보험 가입 및 혜택을 받을 수 있다.	빈도(명)	63	148	282	493	21	
	비율(%)	12.3	28.8	54.9	95.9	4.1	100
25. 난민이 장기간 거주하면 체류자격을 받을 수 있다.	빈도(명)	60	128	303	491	23	
	비율(%)	11.7	24.9	58.9	95.5	4.5	100

지원 분야별로 살펴보면, 의료보험 가입 및 혜택에 합법 체류 외국인은 '그렇다'가 51.0%로 나타난 반면, 불법 체류 외국인은 '그렇지 않다'가 60.1%로, 외국 국적 동포도 '그렇지 않다'가 41.8%로, 국적 취득 전 결혼이주자도 '그렇지 않다'가 31.3%로 높게 나타났다. 이를 통해 응답자들은 우리나라 국적의 유무에 따라 의료보험 가입 및 혜택 여부를 판단하고 있다고 추측해 볼 수 있다.

한편 다문화가정 가정의 초등학교 교육 지원은 외국 국적 동포의 자녀와 국적 취득 전 결혼이주자의 자녀, 난민의 자녀의 초등학교 교육 지원에는 '그렇지 않다' 보다 '그렇다'는 응답이 더 많았으나, 불법 체류 외국인의 자녀에서는 '그렇다' 보다 '그렇지 않다'가 더 높게 나타났다. 이는 응답자들이 현재 불법 체류 외국인의 자녀에게 초등교육이 동등하게 제공되고 있음을 모르고 있으며, 한편으로는 불법 체류 외국인의 지원에 부정적인 인식을 갖고 있는 것으로 해석될 수 있다.

합법 체류 외국인과 외국 국적 동포, 국적 취득 전 결혼이주자의 지방선거 투표권 문항에 '그렇지 않다'가 '그렇다'는 응답보다 모두 높게 나타났다. 일정 기간 이상 우리나라에 체류할 경우 외국인에게도 지방선거 투표권을 부여하고 있는 제도를 응답자들이 전반적으로 잘 알고 있지 못하는 것으로 보인다.

다문화 구성원의 유형별로 살펴보면, 난민에 대한 응답이 다른 구성원의 응답과 뚜렷한 차이점을 보이는 것을 알 수 있다. 다른 다문화 구성원의 지원 숙지 정도 보다 난민의 지원 여부의 모든 문항에서 '모르겠다'는 응답이 가장 많이 나타났다. 이중언어교육 제공, 난민 자녀에 대한 초등교육 제공, 운전면허 취득, 의료보험 가입 및 혜택 제공, 장기간 거주시 체류자격 부여 등 모든 문항에 '모르겠다'는 응답이 가장 높게 나타났다.

아직 우리나라 일반시민들은 난민을 일상생활에서 많이 접촉한 경험이 없고, 난민이 아직 일반시민들의 사회 · 경제생활에 영향을 미치거나 이해관계가 직접적으로 얽히지 않아 난민에 대한 전반적인 인식 정도가 낮은 것으로 보인다.

4) 조사결과

논의

일반시민 514명을 대상으로 우리나라의 다문화 관련 법령 및 제도 인식을 조사하였다. 조사 결과, 응답자의 87.0%가 다문화 관련 직종에 종사한 경험이 없고, 60.5%가 일상생활에서 다문화 구성원을 만날 기회가 거의 없다고 응답하였다. 이를 통해 응답자의 대부분은 아직 다문화 사회를 직접적으로 접한 경험이 많지 않음을 알 수 있다. 이는 현행 다문화정책(사업) 내용의 이해(숙지) 정도가 '그렇지 않다'가 가장 높은 비율로 나타난 것과도 관련될 수 있다. 이해(숙지)하고 있는 다문화 법 및 정책(사업)도 교육분야에 치우쳐 있는 것으로 나타나 일반시민을 대상으로 한 다문화 인식개선과 이해 향상을 위한 교육이 보다 강화되어야 함을 알 수 있다. 설문 결과에서 응답자들도 다문화 인식 개선을 위한 일반시민 대상 교육, 학생 대상 학교 교육과 관련 정책강화의 필요성을 강하게 느끼고 있음을 확인할 수 있었다.

다문화 법령 및 정책의 낮은 이해도는 법령 및 정책의 다양성과 담당부처의 다양성으로 인한 복잡함과 중복성이 영향을 미칠 것이다. 설문 결과에서도 다문화 정책 통합 법 제정의 필요성 인식이 평균 3.42점으로 매우 높게 나타났다. 일반시민의 다문화 법령 및 정책의 이해도를 높이고 정책의 효율성과 효과성을 높일 수 있도록 다문화 정책 통합법의 제정 검토가 필요하다.

다문화 관련 통합 법(정책)의 지원 분야 중 교육지원, 의료지원, 복지지원 등은 대부분의 유형의 다문화 구성원에게 공통적으로 필요하다고 인식하고 있었다. 반면 지방 선거 투표권, 이중국적 등 정치적 권리와 국적 부여의 인식은 부정적인 것으로 나타났다. 특히 일정 기간 이상 우리나라에 체류하고 있는 외국인에게도 지방선거 투표권이 부여되고 있는 제도가 현재 존재하고 적용되고 있음에도 대부분의 응답자가 아직 이를 알고 있지 않으며, 부정적으로 인식하고 있음을 인지하고 일반시민을 대상으로 한 다문화 관련 법령 및 정책의 홍보와 교육을 강화해야 함을 알 수 있다.

다문화 구성원이 자국의 고유문화를 유지할 수 있도록 지원하는 정책을 긍정적으로 인식하고 있는 것으로 나타나 일반시민들이 다문화 사회를 무조건적인 동화와 통합으로는 인식하고 있지 않으며, 다문화 구성원의 고유문화를 존중하고 있음을 알 수 있다. 한편 우리나라 국적 취득 시 한국 교육 강화, 한국어교육 강화 필요성을 매우 강하게 인식하고 있는 것으로 나타났다. 즉 다문화 구성원의 한국 사회 적응과 일반시민들과의 공존을 위해서는 서로를 존중하고 이해할 수 있도록 관련 교육과 정책이 필요함을 강하게 인식하고 있음을 알 수 있다.

다문화 관련 통합 법(정책)의 우선 지원 대상으로 국제결혼가정의 자녀와 합법적 외국인 근로자가 가장 선호된 반면, 불법체류외국인과 난민, 재외국민에 대한 지원의 필요성은 가장 낮게 인식하고 있는 것으로 나타났다. 특히 다문화 구성원 별 지원 정책 인식을 묻는 문항에서 불법 체류 외국인 지원 정책 인식이 모두 평균 2.5점 이하로 나타나 일반시민들이 불법 체류 외국인에게 부정적인 인식을 매우 강하게 갖고 있는 것으로 드러났다. 다문화 구성원 지원 여부 숙지 정도를 묻는 문항에서도 다른 다문화 구성원의 응답과는 다르게 불법 체류 외국인 자녀의 초등학교 교육

지원이 이루어지지 않고 있다는 응답이 가장 높게 나타나 불법 체류 외국인에 대한 부정적인 인식이 반영되어 있음을 추측할 수 있다. '불법 체류 외국인에 대한 지원이 지나치다, 지원을 줄여야 한다, 지원 자체가 적절하지 않다'는 일반시민들의 인식을 검토하고, 불법 체류 외국인에 대한 부정적인 인식을 개선하기 위한 대안이 마련되어야 할 것이다.

한편 난민에 대한 인식은 전반적으로 매우 저조한 것으로 나타났다. 난민이 국제적인 이슈로 주목받고 있는 현대사회에서 난민에 대한 지원 법령 및 정책의 미흡과 일반시민들의 인식 부족은 심도 있게 고려되고 개선되어야 할 부분이다. 우리나라도 북한이탈주민, 전세계적인 난민의 유입에 직면하였다. 하지만 응답자들은 다문화 관련 통합 법(정책)의 우선 지원 대상으로 생각하고 있지 않으며, 난민 지원 법령 및 정책을 거의 숙지하고 있지 않고 있었다. 난민의 유입과 우리 사회에서의 공존에 대비할 수 있는 적절한 법령 및 정책, 교육, 홍보 방안이 필요할 것이다.

V. 통합 다문화 한국을 위한 시민 교육의 원리와 방향

V. 통합 다문화 한국을 위한 시민 교육의 원리와 방향

2000년대 중반을 기점으로 다문화교육이 주요 정책으로 등장하였다. 이주민 관련 업무를 전담해왔던 법부무와 노동부 외에도 여성가족부, 교육과학기술부, 보건복지부 등 정부 주요 부처들은 이주민의 한국 사회 적응과 다수 시민의 다문화적 의식 함양을 위한 교육 사업을 계획하고 추진해 왔다. 그 예로 법무부는 다문화 가정을 대상으로 하는 무료 법률상담을 실시하고 생활법률 책자를 제작하여 보급하였다. 보건복지부는 결혼이민자가족을 대상으로 한 교육 사업, 결혼이민자 사회 초기적응 및 정착지원 사업, 한국어교육과 가족상담, 다문화가족 방문교육 지도사 교육, 국제결혼중개업자 대상 전문지식 교육 및 윤리교육을 실시하였다. 그 외 문화체육관광부, 행정안전부, 농림수산식품부 등에서도 이주민의 사회적응이나 자립을 지원하기 위한 정책을 개발하여 실시해왔다(국회입법조사처, 2009).

교육부는 여러 중앙부처 중에서도 다문화교육에서 주도적인 역할을 수행하고 있다 2006년 5월 '다문화가정 자녀 교육지원 대책' 발표한 이후 매년 다문화가정 학생을 위한 교육 정책을 수립하여 시행해 왔다. 교육지원 대책은 다문화교육의 기본 목적을 제안하고 전국 다문화교육 활동의 일관성과 효율성을 제고하는 데 크게 기여하였다. 2012년부터는 교육지원 대책이 아니라 '다문화가정 학생교육 선진화 방안'을 마련하여 시행하고 있다.

2006년 5월 당시의 교육인적자원부는 '우리사회의 새로운 교육 소외계층으로 대두되고 있는' 국제결혼가정 자녀, 외국인 근로자 자녀의 교육적 현황을 보고하고 대책으로 다문화주의적 관점의 종합지원 대책인 '다문화가정 자녀 교육지원 대책'을 발표하였다. 추진 배경 및 목적은 1) 우리사회 다양한 구성원의 인권보호 및 사회 통합 필요 2) 다문화가정 자녀들의 교육 소외 방지 대책 마련 3) 다문화가정 구성원의 인적자원개발 방안을 모색하는 데 있다. 구체적인 정책과제 및 대응방안으로는 1) 다문화가정 지원을 위한 부처 간 협력 체계 구축 2) 지역사회의 다문화가정 지원 협력체계 구축 3)학교의 다문화가정 자녀 지원 기능 강화 4) 다문화가정 자녀교육을 위한 교사 역량 강화 5) 교육과정 및 교과서의 다문화 교육요소 반영 6) 대학생 멘토링 사업을 다문화가정 자녀에게 확대 7) 정책 대상별 고유과제 등을 설정하였다.

2012년 교육과학기술부는 '다문화 학생 교육 선진화 방안'으로 다문화 교육 정책의 성격 변화를 보여준다. 지금까지의 다문화 학생 지원 대책이 다문화 학생을 소외 · 취약계층으로 간주하고 지원 대상으로 인식하였다면 앞으로는 다문화 학생이 가지고 있는 적성과 재능을 적극 개발하여 사회의 인재로 성장시키는 적극적인 교육을 실시하겠다는 것이다. 동시에 다문화교육의 대상 집단에도 변화가 나타난다. 다문화사회에서 다양성 이해와 차이의 존중은 모든 학생들이 갖추어야 할 핵심 소양으로 다문화교육이 모든 학생을 위한 교육이 되어야 함을 강조하였다. 이를 위해 모든 학생을 위한 다문화 친화적 교육 체제 및 행정 체제, 사회 전반의 동의와 지지를 구축하는 것을 지향하고 있다.

미국 사회에서 다문화교육을 둘러싼 논쟁이 뜨거운 것과 마찬가지로, 우리 사회에서도 최근 다문화교육 도입의 필요성이 제기됨에 따라 부작용을 우려하는 의견도 함께 나오고 있다. Banks(2002)는 미국 사회에서 다문화교육에 우려의 시각을 갖고 있는 사람들은 보통 다음과 같은 오해 혹은 선입견을 가지고 있다고 지적한다. 첫째, 다문화교육은 소수 집단만을 위한 교육이다. 둘째, 다문화교육은 반서구적이다. 셋째, 다문화교육은 사회를 분열시킨다. 뱅크스의 이러한 지적을 토대로 우리 사회에서 예상되는 쟁점들을 논의해보도록 하겠다.

첫째, 많은 이들은 다문화교육이 특정 민족, 인종, 종교 학생들만을 위한 것이라는 오해를 할 수 있다. 즉, 다문화교육은 '그들'을 위한 교육이지 '우리'를 위한 교육이 아니며, 기존의 다수 집단의 학생과는 무관한 교육이라는 것이다. 그러나 다원화된 국가, 다원화된 사회는 현대를 살아가는 모든 사람들에게 피할 수 없는 현실이다. 다문화교육은 이렇게 다원화된 현대 사회를 살아가는 데 필요한 지식, 기능, 태도를 '모든' 학생들이 갖출 수 있도록 준비시키는 교육이다. 즉 상이한 문화적 배경들의 상호작용 속에서 공동선을 추구하며 민주적인 공동체를 창조하기 위한 교육적 이념인 것이다.

둘째, 다문화교육이 반한국적인 교육이라는 지적이 있을 수 있다. 다문화교육에는 소수자에 대한 사회구조적 모순이나 부정의를 검토하는 과정이 수반된다. 이를 한국 사회와 한국 문화의 위상을 저해하는 것으로 오해해서는 안 된다. 다문화교육은 자유, 정의, 평등이라는 보편적인 가치를 토대로 하고 있으며, 소수 엘리트 집단에게만 부여되는 권한과 자유를 모든 시민에게 확대하는 것을 목표로 한다. 소수 집단이 처한 불합리한 현실을 개선하고, 그들의 기여와 성취를 정당하게 인정하는 과정이 수반되지 않고서는 진정한 사회 통합이란 불가능하다.

셋째, 다문화교육이 한국 사회를 분열시키고 사회 통합을 저해한다는 오해가 있을 수 있다. 그러나 이러한 오해와는 정반대로, 다문화교육은 분열된 사회의 통합을 추구하는 교육이다. 사회적 약자의 위치에 있는 소수 집단에게 평등한 교육의 기회를 보장하고, 다수 집단의 문화적 소양과 관용을 증진시킴으로써 문화적 차이가 사회 갈등 요인이 되지 않도록 한다. 미국 사회를 보고 알 수 있듯, 동화가 사회 통합 달성을 위한 최선의 대안이라고 보기는 어렵다. 다문화교육은 상이한 문화 집단 간의 이해와 관용을 증진시키고 대화의 통로를 열어서, 소통을 위한 합의 도출을 추구한다. 다양한 문화적 배경을 지닌 사람들이 동등한 입장에서 의사 결정에 참여할 수 있을 때 바람직한 시민 문화를 창출할 수 있다.

전통적인 '동화주의'와 대비되는 '다문화주의'는 다양성 속의 평등과 관용 증진, 다문화의 존중 보장을 핵심으로 한다. 민권 운동의 성과로 다문화주의는 정치, 경제, 교육, 복지 등, 다방면의 정책에 반영되었다. 그러나 이러한 접근 방식은 문화적 다양성을 과도하게 강조한 나머지 문화의 '소비'만 촉진할 뿐 사회적 · 집단적 불평등의 문제를 제대로 다루지 못했다고 비판받았다(Alibhai-Brown, 2001). 소수 문화 집단의 내부적 폐쇄성을 조장하는 한편 다수 집단의 고정관념과 반감을 오히려 강화했다는 것이다.

1990년대 이후 최근에 이르기까지 다문화주의를 새롭게 해석하고 적용하려는 움직임이 전개되고 있다. 현재의 다문화주의는 국민 정체성 증진, 다양성의 포용과 보전, 사회적 자본의 함양, 사회경제적 불평등의 축소와 같은 의제들을 융합하는 과제를 안게 되었다(King, 2005).

현대사회는 규범적 다원주의와 이질적 다원주의를 특징으로 한다(강대현, 2007). 규범적 다원주의는 다원성의 존재 자체를 인정하는 것에서 더 나아가 다원성을 이상적인 것으로 인정하는 것을 말한다. 글로벌화는 다양한 인종과 민족의 문화 간의 교류를 불러일으켜서 매우 이질적인 문화를 가진 사람들이 함께 모여 사는 현상을 일반화시키고 있다. 국가 간의 장벽이 허물어지면서, 다양한 민족과 문화의 직접적인 접촉이 잦아지고 있으며, 그러한 현상은 국가나 사회 차원뿐만 아니라 개인에게까지 투영되고 있다. 이로 인해 현대 사회에서 하나의 세계관 혹은 인간관에 기초하여 특정한 내용을 가지고 교육을 한다는 것은 불가능해 보인다. 그리고 그렇게 하는 것은 다원주의를 포기하는 것이다. 결과적으로 강자의 약자 억압과 지배로 비춰질 수밖에 없다.

글로벌화된 사회에서는 하나의 세계관이나 인간관을 교육 목표로 설정하는 것은 바람직하지 못하다. 이는 다른 신념이나 집단에 속한 사람들을 소외시키거나 배제시키는 결과를 낳기 때문이다. 다양성의 시대가 필요로 하는 교육은 다른 신념과 가치체계를 지닌 사람들과 더불어 사는 삶의 태도를 기르는 교육이다. 다양성의 시대에 조화로운 공동체의 삶을 추구하기 위해서는 다른 사람에게 피해를 주지 않는 범위 내에서 합리적으로 자유를 추구하거나 정의의 원칙을 따르고 공동체의 의사결정에 참여하고 구성원을 배려하는 것만으로 충분하지 않다. 그동안의 교육이 공동체 구성원으로서의 자유와 책임, 공동체 참여와 배려를 요구 · 강조하였다면 다양성의 시대에는 관용과 연대가 함께 요청된다. 우선 관용은 싫어하거나 인정할 수 없는 대상이 현저할 경우 부정적 행위를 자발적으로 중지하거나 인내를 가지고 참는 태도를 말한다(조영제, 1998). 관용은 다른 신념이나 가치 체계를 소극적으로 인정하는 태도이긴 하지만 적극적으로 더불어 사는 삶의 태도는 아니다. 더불어 사는 삶은 다르지만 동등하다는 의식과 태도가 필요하다. 우리는 비록 서로 다르지만 하나의 공동체의 성원으로서 동등하다는 의식, 우리가 동질적이어서 동등한 것이 아니라 달라도 동등하다고 느끼는 새로운 연대 의식이야 말로 다양성의 시대에 필요하다.

워싱턴 대학의 다문화교육 센터는 시카고의 스펜서 재단과 워싱턴 대학의 지원을 받는 국제협의위원회(International Consensus Panel)를 구성하였다. 위원회는 글로벌화 시대의 민주주의와 다양성을 위한 교육의 4가지 원칙과 10가지 개념을 구상하였다. 위원회의 보고서는『다양성: 글로벌화 시대의 시민교육의 원칙과 개념(Democracy and Diversity: Principles and Concepts for Educating Citizens in a Global Age』이라는 제목을 갖고 있다. 그 원칙과 개념은 표 44와 같다(Banks et al., 2005). 글로벌 시대의 교육은 다양성, 통일성, 상호관련성, 인권에 기반을 두어야 한다. 학생들은 지역사회, 국가, 세계의 다양한 차원에서 다양성과 통일성이 맺고 있는 복잡한 관계를 인식하고 이해해야 한다. 또한 지역사회, 국가, 전지

표 44 다문화 시대의 시민 교육을 위한 원칙과 개념

4가지 원칙
제1부. 다양성, 통일성, 세계의 상호관련성, 그리고 인권 1. 학생들은 자신이 속한 지역사회, 국가, 그리고 세계 속에서 통일성과 다양성이 맺고 있는 복잡한 관계에 대해서 배워야 한다. 2. 학생들은 지역사회, 국가, 지역의 구성원들이 전 세계 다른 사람들과 점점 더 상호의존적인 관계를 맺어가는 양상에 대해 학습해야 한다. 그리고 사람들이 전 세계적으로 일어나는 경제, 정치, 문화, 환경, 기술의 변화와 밀접하게 관련되어 있음을 배워야 한다. 3. 인권 교육이 다문화 국가의 시민성 교육과정과 프로그램의 기반이 되어야 한다. 제2부. 경험과 참여 4. 학생들은 민주주의와 그 제도에 대한 지식을 배워야 하며, 민주주의를 실천해 볼 수 있는 기회를 제공받아야 한다.
10개의 개념 1. 민주주의 2. 다양성 3. 글로벌화 4. 지속가능한 발전 5. 제국, 제국주의, 권력 6. 편견, 차별, 인종주의 7. 이주 8. 정체성/다양성 9. 다양한 관점 10. 애국심과 세계시민주의(cosmopolitanism)

구의 다양한 개인과 집단들이 경제, 정치, 문화, 환경, 기술의 각 방면에 걸쳐서 상호의존적인 운명공동체적 관계를 맺고 있음을 배워야 한다. 더불어 인권이라는 보편가치를 지향해야 한다. 또한 민주주의를 알고 실천할 수 있도록 해야 한다. 위원회는 이러한 원칙에 따라 이루어지는 교육

의 핵심 내용 요소로 민주주의, 다양성, 글로벌화, 지속가능한 발전, 제국/제국주의/권력, 편견, 차별, 인종주의, 이주, 정체성과 다양성, 다양한 관점, 애국심과 세계시민주의를 제시하고 있다.

한편 보고서는 다양성이란 다문화 국가 안에서 살고 있는 집단들의 내부 및 집단 간에 존재하는 인종, 문화, 민족, 언어, 종교의 광범위한 편차를 나타낸다고 강조하고 있다. 보고서는 다양성의 폭넓은 관점을 제시하면서, 다양성의 변수들－인종, 성, 사회계층, 종교와 같은－은 복잡한 양상으로 상호작용하고 있고 상호작용성과 상호관련성이 매우 높다는 것을 지적하였다.

글로벌화된 다양성의 시대의 교육은 다양성에 대한 존중과 국가시민사회 혹은 세계시민사회라는 통일체의 형성이라는 두 가지 목표를 동시에 갖는다. 다양성과 통일성 간에 정교한 균형을 이루는 것이 민주 국가의 핵심 목표인 동시에 민주 사회에서 이루어지는 교수 학습의 핵심 목표가 되어야 한다(Banks et al., 2001). 정의, 평등과 같은 민주적 가치가 구성원에게 동등하게 보장될 때, 민주 국가는 통일성을 달성할 수 있다(Gutmann, 2004). 다문화 사회들은 시민들의 다양성을 반영하는 동시에, 모든 시민이 헌신할 수 있는 보편적인 가치, 이상, 목표를 보유하는 국민국가를 건설해야 하는 문제에 직면해 있다(Banks, 2011). 정의 및 평등과 같은 민주적 가치를 중심으로 국가가 통합되어야만 다양한 문화 · 인종 · 언어 · 종교 집단의 권리를 보호할 수 있고, 그들은 문화적 민주주의와 자유를 누릴 수 있다.

Kymlicka(1995)와 Rosaldo(1997)는 다양성과 시민성의 이론을 구축하였다. Kymlicka와 Rosaldo가 공통적으로 주장하는 바는 민주 사회에서는 민족 집단과 이민자 집단이 국가의 시민 문화에 참여할 권리뿐만 아니라 자기 고유의 문화와 언어를 유지할 수 있는 권리를 가져야 한다는 것이다. Kymlicka는 이러한 개념을 "다문화적 시민성(multicultural citizenship)"으로, Rosaldo는 "문화적 시민성(cultural citizenship)"이라고 하였다. 1920년 Drachsler는 이를 "문화적 민주주의(cultural democracy)"로 칭하였다. 다양성이라는 글로벌사회의 조건에 기반을 두고 이를 보다 구체적으로 개념화해 보자면 그림15와 같이 표현할 수 있을 것이다. 다양성이 공동체적 삶과 시민의 자유 및 권리의 전제 조건이 되는 글로벌 사회를 살아가는 시민은 다양성 인식과 이해를 토대로 다양한 문화에 대해 인정, 관용, 존중하는 자세를 지니며 다양한 문화적 가치의 보호를 위해 배려와 정의를 실천할 줄 알아야 한다. 글로벌 다문화시대의 교육의 구상은 이로부터 시작되어야 할 것이다.

그림 15 다문화 시대의 시민적 자질

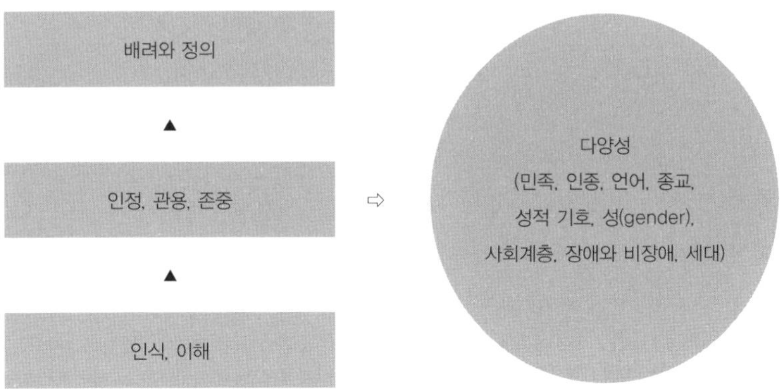

다문화 시대의 시민교육은 문화적 다양성의 지식을 증가시키는 것에만 치중할 것이 아니라 관점의 전환, 편견의 일소, 평등 의식 확대, 사회적 약자에 대한 배려심 등을 함양하는 데 초점을 맞추어야 한다. 시민 교육은 한 공동체의 구성원으로서의 시민이 자기 책임과 역할을 적절하게 수행할 수 있는 자질을 길러줌으로써 공동체 및 개인의 삶의 질을 높이는 데 의의가 있다. 따라서 다문화교육이 지향하는 시민은 지식뿐 아니라 상호의존적인 사회적 관계망 속에서 나와는 다른 문화, 피부색, 언어, 종교를 가진 사람과 공존하고 화합할 수 있는 태도를 갖추어야 한다. 다문화 시민성 교육은 직접적으로 한국 사회의 다문화화를 설명하고 그로 인해 제기되는 과제를 다룬 주제 외에도, 인권 및 관용, 소수자 보호와 같이 민주적인 원리를 언급한 부분이나 전 지구적 차원이나 지방 차원 등에서 문화적 다양성의 이해와 관용을 강조하는 주제들을 모두 포함해야 할 것이다.

또한 다문화 시대의 시민교육은 전체 교육과정과 교수 학습과정에서 통합적이고 전체적으로 고려되어야 한다. 특히 주목해야 하는 것은 역사 교육에 어떻게 반영할 것인가이다. 다문화교육의 중요한 목표 중 하나는 문화 집단의 정체성, 국민으로서의 정체성, 세계 시민으로서의 정체성 간에 정교한 균형을 달성하는 것이다. 따라서 민족적 정체성 혹은 국민적 정체성의 형성과 밀접한 관련을 맺고 있는 국사 내용 요소에도 다문화 시민교육의 목표가 반영될 필요가 있다.

이에 더하여 주제나 문제 중심의 교육과정을 구성하여 관련 단원별로 연계하는 것이 필요하다. 다문화교육을 실행하는 방법은 크게 교과내용에 다문화교육 관련요소가 나올 때 다문화적 내용을 추가 또는 통합하여 가르치는 방법과, 다문화 요소를 중심으로 주제나 문제 중심의 교육과정을 재구성하여 교과서의 관련 단원에 연계하여 가르치는 방법이 있다. 다문화적 교수학습을 위해서는 이러한 두 가지 방법의 사용이 모두 고려될 수 있다. 특히 전자의 접근 방식은 기존의 교과내용 속에서 문화의 다양성, 세계화와 상호의존성, 타인 존중과 같은 다문화적 요소를 통합시키기 유리하다는 장점이 있다. 특별히 교수학습 과정안을 따로 구성하지 않고도 교사는 기존의 교수학습 과정 속에 문화의 다양성과 세계화 내용을 첨가, 부가할 수 있다. 그러나 이러한 방법은 기존 교육과정에 임의적으로 부가된다는 점에서, 교과 학습의 내용과 시간에 쫒길 경우, 생략되거나 제대로 된 논의하기 힘든 단점이 있다. 따라서 반편견, 인종차별, 공동체 의식과 같은 주제를 보다 심도 있게 다루기 위해서는 핵심 다문화 요소를 중심으로 주제나 문제 중심의 실행 교육과정을 구성하여 관련 단원과 연계하여 가르치는 것이 효과적일 것이다. 많은 다문화교육자들이 보다 효과적인 학교 다문화교육을 위해 주제 중심의 다문화교육과정 구성 방안을 제시하고 있고, 이러한 방법들은 다문화 시민 교육과정을 구성하는 데 유용하게 활용될 수 있다.

다문화적 시민 교육은 여러 시대와 공간에 걸쳐 이루어진 인간의 활동을 탐구한다. 어떤 사회 현상을 이해하기 위해 제반 학문으로부터 개념과 정보를 가져와 통합한다. 그 과정에서 사회적 지식 및 사회적 관행 속에 내재되어 있는 가치의 성격과 작동을 비판적으로 탐구한다. 따라서 모든 학생을 대상으로 하는 시민교육은 사회적 관행 및 사회 이상을 비판적이고 통찰력 있는 지식으로 구성하도록 도와야 한다. 만약 비판적인 탐구가 충분히 이루어지지 않는다면 사회적 지식 습득, 시민 교육, 비판적 사고력 함양과 같은 시민교육의 기본 목적에 반하는 것이라 할 수 있다. 인간 상황 탐구 및 논쟁 문제 탐구라는 두 가지 강조점으로 인하여 시민교육은 차별이나 편견, 구조적 불평등과 같은 문화적 다양성과 관련된 쟁점을 학습하기에 가장 이상적인 위치에 있다. 따라서 다문화적 시민교육은 무엇보다도 사회적 쟁점을 종합적이고 심층적으로 탐구해야 한다.

또한 다문화적 시민 교육은 문화를 강조해야 한다. 문화는 사회가 공유하는 신념, 가치, 세계관, 행위의 표준이다. 따라서 교육과정, 수업, 교육 행정, 수업 평가 등은 문화와 무관하게 이루어질 수 없다. 교육과정의 문제는 결국 '무엇을 가르칠 것인가'의 문제이고 이는 해당 사회의 문화적 맥락 속에서 결정되기 마련이다. 뿐만 아니라 학생의 문화적 배경에 대한 사회적 규정은 교사의 의사결정, 교수 학습 활동의 선정과 조직, 평가 등에 영향을 미친다. 다문화적 시민 교육은 다양한 집단의 문화를 정당한(legitimate) 요소로 인정하고 다루어야 한다.

이때 중요한 것은 다양한 '문화'의 접근 방식이다. 국가교육과정은 다문화 관련 주제 및 성취 수준에 비추어 볼 때, "인간 관계 접근법(human relation approach)"을 취하고 있다고 볼 수 있다. 인간 관계 접근법은 다문화 사회에서 조화롭게 살아가는 방법을 배우도록 하는 것이 핵심 목표이다. 이는 상이한 인종, 계층, 성, 장애 지식이 문화적 화합과 이해를 증진시킬 것이라는 믿음을 전제로 한다. 그리하여 유대감, 관용, 상호 수용을 함양함으로써 자기 문화의 집단 정체성을 형성하는 동시에 다른 문화의 고정관념과 편견을 일소하고자 한다(Sleeter & Grant, 2005). 그러나

Hursh(2001)는 이러한 인간관계 접근법이 다음과 같은 한계를 가지고 있다고 지적한다. 첫째, 문화적 편견을 이해하는 것 자체만으로는 편견을 조장하는 불공평한 경제적, 정치적 권력 관계를 바꿀 수 없다는 것이다. 둘째, 교사, 학생 및 지역사회 구성원보다는 소수 전문가의 지식을 우선시 하는데, 이는 학부모와 학생의 고유한 문화를 무시할 뿐 아니라 교사의 전문성을 쇠퇴시킬 수 있다. 따라서 '문화'의 내용뿐 아니라 문화가 사회경제적 제도 및 불평등과 어떤 영향을 맺고 있는지를 다루어야 하며, 특정 학생이 속한 집단의 문화가 주류 문화와 어떤 관계를 맺고 있으며 이러한 관계가 해당 학생이 접할 수 있는 삶의 기회에 어떤 영향을 미치는 지를 고려해야 한다.

마지막으로, 기존 사회적 관행 속에 내재된 문화적 편견 등을 직접적으로 다루어야 한다. 일부에서는 외국인, 여성, 장애인, 특정 종교 등의 차별과 편견이 담겨있는 서적이나 이미지는 수업 자료로 적합하지 않다고 주장한다. 그러나 시민교육은 사회 현상을 직접적으로 다루는 만큼, 자료의 활용을 회피할 것이 아니라 오히려 적극 도입하여 편견이나 선입견을 확인하고 시정할 수 있는 기회로 삼아야 한다.

강대현(2007). "사회과교육 목표로서의 시민 개념에 대한 분석", 「사회과교육」, 46(1), 83-105.

구정화 · 박선웅(2011). 다문화 시민성 함양을 위한 다문화교육의 목표 체계 구성. 시민교육연구, 43(3), 1-27.

모경환(2009). "다문화교육 교사연구 프로그램 효과분석". 한국교원교육학회, 26(2). 75-99.

모경환 외(2010). "한국 청소년의 시민의식 조사 연구". 시민교육연구, 42(1), 77-101.

모경환 · 임정수(2011). "사회과 다문화교육의 현황과 과제". 교육문화연구, 17(1), 261-290.

모경환 · 임정수(2014). "사회과 글로벌 시티즌십 교육의 동향과 과제". 시민교육연구, 46(2), 23-108.

모경환 · 최충옥 · 임현경(2010). "다문화 교사 연수 프로그램의 사례 분석". 시민교육연구, 42(4). 31-53.

모경환 · 황혜원(2007a). "중등 교사들의 다문화적 인식에 대한 연구-수도권 국어, 사회과 교사를 중심으로", 시민교육연구, 39(3), 79-100.

모경환 · 황혜원(2007b). "사회과교사의 다문화교육에 대한 인식과 교사교육의 과제". 한국교원교육연구, 24(2), 199-219.

서운석(2010). 한국 · 중국 · 베트남의 다문화 사회 인식 비교 분석. 다문화 사회연구, 3(1), 31-64.

설동훈(2000). 노동력의 국제이동, 서울대학교 출판부.

오효정 · 이진석(2012). "학생자치법정이 고등학생의 민주시민 의식에 미치는 영향". 법교육연구, 7(2), 93-116.

윤인진 · 송영호(2011). "한국인의 국민정체성에 대한 인식과 다문화 수용성", 통일문제연구, 23(1), 143-192.

이진석(2014). "다문화 가정 중도입국 청소년들의 시민성 탐색". 시민교육연구, 46(4), 79-105.

인태정 · 김희재(2009). "국내 이주 외국인에 대한 부산 · 울산 · 경남지역 대학생 의식조사", 아세아연구, 52(2), 184-213.

장임숙 · 이원일(2011). "대학생의 다문화인식과 이주인권 정책에 대한 태도". 지방정부연구, 15(4). 177-199.

조영제(1998). 다원주의 사회의 기본 덕목으로서의 관용과 그 시민교육적 함의. 서울대학교 박사논문.

황정미 외(2007). 『한국사회의 다민족 · 다문화 지향성에 대한 조사연구』. 한국여성개발원 연구보고서.

Alibhai-Brown, Y(2001). After Multiculturalism. *The Political Quarterly*, 72(1), 47-56.

Banks, J. A.(2008). An Introduction to Multicultural Education, 2008. 모경환 외(역), 『다문화교육 입문』, 서울: 아카데미프레스, 2008.

De Blij, Harm(2008). *The Power of Place: Geography, Destiny, and Globalization's Rough Landscape*. Oxford University Press.

Heater, D.(1990). Citizenship: The Civic Ideal in World History, Politics and Education. New York: Longman.

King, D.(2005). Facing the Future: America's Post-multiculturalist Trajectory. *Social Policy & Administration*, 39(2), 116-129.

Ponterotto et al.(1995). A Multicultural Competency Checklist for Counseling Training Programs. *Journal of Multicultural Counseling and Development*, 23(1), 11-20.

부 록

1. 설문지

다문화 인식 및 다문화 시민 교육에 대한 의견 조사 설문지

안녕하십니까?

바쁘신 와중에도 설문에 응해 주셔서 대단히 감사드립니다.

본 설문지는 다문화 인식 및 다문화 시민 교육에 대한 의견을 조사하기 위한 것입니다. 나날이 문화적 다양성이 심화되고 있는 한국사회는 과거와는 다른 시민의 자질과 역할을 필요로 하고 있습니다. 본 연구는 한국 사회의 실정을 반영한 미래지향적 다문화 시민 교육을 모색하는 것을 목표로 하고 있습니다.

다시 한 번 연구에 관심을 가져주시고 귀한 시간을 내어주신 것에 깊은 감사의 말씀을 드립니다.

2016년 3월 연구진 일동

	전혀 그렇지 않다	그렇지 않다	보통 이다	그렇다	매우 그렇다
1. 현행 다문화정책(사업)의 내용 및 운영 등에 전반적으로 만족하십니까?	①	②	③	④	⑤
2. 현행 다문화정책(사업)의 내용을 잘 알고 있다고 생각하십니까?	①	②	③	④	⑤
3. 알고 계신 다문화 법 및 정책(사업)을 모두 써 주세요.					
4. 다문화에 대한 인식을 개선하기 위하여 일반시민을 대상으로 하는 교육이 필요하다고 생각하십니까?	①	②	③	④	⑤
5. 다문화에 대한 인식 개선을 위하여 학생을 대상으로 하는 학교교육이 필요하다고 생각하십니까?	①	②	③	④	⑤
6. 다문화에 대한 인식 개선을 위하여 전국적 캠페인 등의 정책이 강화되어야 한다고 생각하십니까?	①	②	③	④	⑤
7. 다문화 관련 통합 법(정책)에서 우선적으로 지원해야 한다고 생각하는 대상을 2개 선택 해 주세요.	① 외국 국적 동포 ② 재외국민 ③ 결혼이주자 ④ 국제결혼가정 자녀 ⑤ 난민 ⑥ 합법적 외국인 근로자 ⑦ 불법체류외국인 ⑧ 기타(　　　) ⑨ 없음				
8. 모든 다문화 구성원이 가능한 한 그들의 고유문화를 유지할 수 있도록 다문화 법령 · 제도를 통해 보장 · 지원해야 한다고 생각하십니까?	①	②	③	④	⑤
9. 다문화 관련 정책들이 통합된 법을 새로 제정할 필요가 있다고 생각하십니까?	①	②	③	④	⑤
10. 국적취득시 한국어, 한국문화 이해 교육을 위한 법적 (정책적) 지원이 강화되어야 한다고 생각하십니까?	①	②	③	④	⑤
11. 이중국적이 허용되어야 한다고 생각하십니까?	①	②	③	④	⑤
12. 현재의 다문화 관련 법률 및 제도 중 개선되어야 할 부분은 무엇인지, 왜 그러한지에 대해 자유롭게 적어주세요.					

13. 다문화 구성원과 만날 기회가 어느 정도 있습니까?	거의 만날 기회가 없다	1년에 1~2회 정도 만난다	1달에 1~2회 정도 만난다	1주일에 1~2회 정도 만난다	1주일에 3~4회 이상 만난다
13-1. 외국 국적 동포	①	②	③	④	⑤
13-2. 재외국민	①	②	③	④	⑤
13-3. 결혼이주자	①	②	③	④	⑤
13-4. 국제결혼가정 자녀	①	②	③	④	⑤
13-5. 난민	①	②	③	④	⑤
13-6. 합법적 외국인 근로자	①	②	③	④	⑤
13-7. 불법체류외국인	①	②	③	④	⑤
13-8. 기타(　　　　　)	①	②	③	④	⑤

14. 외국 국적 동포에게	전혀 그렇지 않다	그렇지 않다	보통 이다	그렇다	매우 그렇다
* 외국 국적 동포란? - 대한민국 국적을 보유하였다가 외국국적을 취득한 자, 부모 또는 조부모의 일방이 대한민국 국적을 보유하였던 자로서 외국국적을 취득한 자를 말함.(현재는 대한민국 국적을 갖고 있지 않는 자)					
14-1. 이중언어교육을 지원해야 한다. * 이중언어교육이란? 이주자에게 한국어교육과 모국어 교육을 병행하는 교육	①	②	③	④	⑤
14-2. 내국인과 동등한 노동 권리를 보장해야 한다.	①	②	③	④	⑤
14-3. 내국인과 동등한 문화 및 교육 지원을 해야 한다.	①	②	③	④	⑤
14-4. 내국인과 동등한 의료 및 복지 지원을 해야 한다.	①	②	③	④	⑤
14-5. 내국인과 동등한 정치적 권리(정치참여 기회)를 보장해야 한다.	①	②	③	④	⑤

15. (국적 취득 전) 결혼이주자에게	전혀 그렇지 않다	그렇지 않다	보통 이다	그렇다	매우 그렇다
* 결혼이민자란? - 한국인과 결혼하기 위해 국내로 이주한 외국인 여성 또는 남성					
15-1. 내국인과 동등한 정치적 권리(정치참여기회)를 보장해야 한다.	①	②	③	④	⑤
15-2. 내국인과 동등한 노동 권리를 보장해야 한다.	①	②	③	④	⑤
15-3. 내국인과 동등한 문화 및 교육 지원을 해야 한다.	①	②	③	④	⑤
15-4. 이중언어교육을 지원해야 한다.	①	②	③	④	⑤
15-5. 내국인과 동등한 의료 및 복지 지원을 해야 한다.	①	②	③	④	⑤

16. 난민에게	전혀 그렇지 않다	그렇지 않다	보통 이다	그렇다	매우 그렇다
16-1. 내국인과 동등한 정치적 권리(정치참여기회)를 보장해야 한다.	①	②	③	④	⑤
16-2. 내국인과 동등한 노동 권리를 보장해야 한다.	①	②	③	④	⑤
16-3. 내국인과 동등한 문화 및 교육 지원을 해야 한다.	①	②	③	④	⑤
16-4. 이중언어교육을 지원해야 한다.	①	②	③	④	⑤
16-5. 내국인과 동등한 의료 및 복지 지원을 해야 한다.	①	②	③	④	⑤

17. 합법 체류 외국인 근로자에게	전혀 그렇지 않다	그렇지 않다	보통 이다	그렇다	매우 그렇다
17-1. 내국인과 동등한 정치적 권리(정치참여 기회)를 보장해야 한다.	①	②	③	④	⑤
17-2. 내국인과 동등한 노동 권리를 보장해야 한다.	①	②	③	④	⑤
17-3. 내국인과 동등한 문화 및 교육 지원을 해야 한다.	①	②	③	④	⑤
17-4. 이중언어교육을 지원해야 한다.	①	②	③	④	⑤
17-5. 내국인과 동등한 의료 및 복지 지원을 해야 한다.	①	②	③	④	⑤

18. 불법 체류 외국인에게	전혀 그렇지 않다	그렇지 않다	보통 이다	그렇다	매우 그렇다
18-1. 내국인과 동등한 정치적 권리(정치참여 기회)를 보장해야 한다.	①	②	③	④	⑤
18-2. 내국인과 동등한 노동 권리를 보장해야 한다.	①	②	③	④	⑤
18-3. 내국인과 동등한 문화 및 교육 지원을 해야 한다.	①	②	③	④	⑤
18-4. 이중언어교육을 지원해야 한다.	①	②	③	④	⑤
18-5. 내국인과 동등한 의료 및 복지 지원을 해야 한다.	①	②	③	④	⑤

* 다음은 다문화 구성원에 대한 지원 사항에 관한 질문입니다. 지원 여부에 대하여 알고 계신 대로 선택하여 주세요.

	그렇다	그렇지 않다	모르겠다
1. 합법 체류 외국인 근로자도 의료보험 가입 및 혜택을 받을 수 있다.	①	②	③
2. 합법 체류 외국인 근로자에게 지방선거 투표권이 있다.	①	②	③
3. 합법 체류 외국인 근로자도 최저임금을 적용 받을 수 있다.	①	②	③
4. 합법 체류 외국인 근로자에게 이중언어교육이 제공되고 있다.	①	②	③
5. 불법체류자를 고용하면 고용주가 처벌받는다.	①	②	③
6. 불법체류외국인도 일정기간 이상 근로했을 경우 퇴직금을 받을 수 있다.	①	②	③
7. 불법체류자의 자녀도 초등학교 교육을 받을 수 있다.	①	②	③
8. 불법체류자도 운전면허를 딸 수 있다.	①	②	③
9. 불법체류자도 건강보험의 혜택을 받을 수 있다.	①	②	③
10. 불법체류자가 장기간 거주하면 체류자격을 받을 수 있다.	①	②	③
11. 외국 국적 동포도 지방선거 투표권이 있다.	①	②	③
12. 외국 국적 동포도 건강보험의 혜택을 받을 수 있다.	①	②	③
13. 외국 국적 동포가 국내거소신고를 한 후 이전한 때에는 일정 기간 이내에 그 사실을 신고해야한다.	①	②	③
14. 외국 국적 동포가 예금 · 적금의 가입, 입출금 등 국내 금융기관을 이용할 때 대한민국 국민과 동등한 권리를 갖는다.	①	②	③
15. 외국 국적 동포의 자녀도 초등학교 교육을 받을 수 있다.	①	②	③
16. (국적 취득 전) 결혼이주자에게 이중언어교육이 제공되고 있다.	①	②	③
17. (국적 취득 전) 결혼이주자도 지방선거 투표권이 있다.	①	②	③
18. (국적 취득 전) 결혼이주자도 의료보험 가입 및 혜택을 받을 수 있다.	①	②	③
19. (국적 취득 전) 결혼이주자도 학력 취득, 취업 등을 위한 교육지원을 받을 수 있다.	①	②	③
20. (국적 취득 전) 결혼이주자의 자녀도 초등학교 교육을 받을 수 있다.	①	②	③
21. 난민에게 이중언어교육이 제공되고 있다.	①	②	③
22. 난민의 자녀도 초등학교 교육을 받을 수 있다.	①	②	③
23. 난민도 운전면허를 딸 수 있다.	①	②	③
24. 난민도 의료보험 가입 및 혜택을 받을 수 있다.	①	②	③
25. 난민이 장기간 거주하면 체류자격을 받을 수 있다.	①	②	③

* 우리 사회에 대한 귀하의 의견을 말씀해 주십시오.

	전혀 그렇지 않다	그렇지 않다	보통이다	그렇다	매우 그렇다
1. 한국 사회는 다양한 인종의 사람들로 구성되어 있다.	①	②	③	④	⑤
2. 사회는 다양한 종교, 인종, 문화로 구성되는 것이 좋다.	①	②	③	④	⑤
3. 인종, 종교, 문화적 다양성은 국가경쟁력에 도움이 된다.	①	②	③	④	⑤
4. 이주민의 유입은 국내 실업을 증가시킨다.	①	②	③	④	⑤
5. 다문화가정은 이미 너무 많은 사회서비스를 받고 있다.	①	②	③	④	⑤
6. 다문화가정은 한국의 문화를 풍부하게 만든다.	①	②	③	④	⑤
7. 한국사회에는 다문화가정 구성원에 대한 차별이 있다.	①	②	③	④	⑤
8. 한국사회에는 이주민과 일반한국인 사이에 큰 갈등이 있다.	①	②	③	④	⑤
9. 한국인들은 피부색과 상관없이 이주민들을 평등하게 대우한다.	①	②	③	④	⑤
10. 나는 소수 인종 우대정책에 찬성한다.	①	②	③	④	⑤
11. 지난 몇 해 동안, 우리 사회에서 다문화 혹은 소수 인종 관련 이슈들이 지나치게 많은 주목을 받았다.	①	②	③	④	⑤
12. 나는 다른 인종의 사람과 친밀한 관계를 형성할 수 있다.	①	②	③	④	⑤
13. 나의 자녀가 다른 인종의 사람과 데이트를 해도 받아들일 수 있다.	①	②	③	④	⑤
14. 나는 소수 인종 출신도 미래 대한민국의 대통령이 될 수 있다고 생각한다.	①	②	③	④	⑤
15. 만약 입양을 한다면, 다른 인종의 아이를 입양하여 키울 수 있다.	①	②	③	④	⑤
16. 국가는 국제결혼을 엄격하게 제한해야 한다.	①	②	③	④	⑤
17. 나는 다양한 인종들이 거주하는 지역에서 그들과 이웃이 되어 살 수 있다.	①	②	③	④	⑤
18. 나는 사람들이 자기와 같은 인종의 사람들과 결혼하는 것이 낫다고 생각한다.	①	②	③	④	⑤
19. 이주민의 유입은 한국사회를 분열시킨다.	①	②	③	④	⑤
20. 한국 사회에는 외국인 노동자가 지나치게 많다.	①	②	③	④	⑤
21. 이주민은 한국문화의 정체성을 위협한다.	①	②	③	④	⑤
22. 나의 자녀가 다문화가정 자녀와 친구가 되는 것을 받아들일 수 있다.	①	②	③	④	⑤
23. 이주민을 한국의 주류 문화에 동화되도록 해야 한다.	①	②	③	④	⑤
24. 자녀가 다문화가정 자녀와 결혼하는 것을 받아들일 수 있다.	①	②	③	④	⑤
25. 다문화가정 구성원을 직장 동료로 받아들일 수 있다.	①	②	③	④	⑤
26. 다문화가정 구성원을 직장 상사로 받아들일 수 있다.	①	②	③	④	⑤
27. 다문화가정 구성원을 부하 직원으로 받아들일 수 있다.	①	②	③	④	⑤

* 귀하의 개인 정보에 대한 질문입니다.

1. 일상에서 이주노동자, 국제결혼이주자, 북한이탈주민, 다문화가정 아동 등을 만날 기회가 있습니까?

1) 거의 만날 기회가 없다.
2) 한달에 1~2회 정도 만난다.
3) 1주일에 1~2회 정도 만난다.
4) 1주일에 3~4회 이상 만난다.
5) 거의 매일 만난다.

└→ (만난다고 대답한 경우) 교류하는 다문화가정 구성원은 어떤 사람입니까? (복수 응답 가능)

1) 성인 북한이탈주민
2) 북한이탈 아동 및 청소년
3) 이주노동자(사무직, 어학원 강사, 공장노동자, 가사도우미… 등)
4) 이주노동자 가정의 자녀
5) 국제결혼이주자
6) 국제결혼 가정 자녀
7) 유학생
8) 기타

2. 자녀가 있으십니까?

1) 있다 2) 없다

└→ (자녀가 있는 경우) 자녀가 재학 중인 학교는 무엇이며, 몇 명입니까?

1) 미취학 영유아 _________명
2) 초등학생 _________명
3) 중학생 _________명
4) 고등학생 _________명
5) 대학생 이상 _________명

(자녀가 있는 경우) 자녀가 다니는 학교 혹은 학급에 다문화가정 학생이 있습니까?

1) 없다
2) 다문화가정 학생이 있으나 같은 반이 아니다.
3) 다문화가정 학생이 같은 반에 재학 중이다.
4) 모른다.

(자녀가 있는 경우) 자녀의 친구 중에 다문화 가정 자녀가 있습니까?

1) 있다.
2) 없다.
3) 모른다.

3. 성별

1) 남　　2) 녀

4. 연령: (　　　　)세

5. 최종학력

1) 고졸　2) 대학 재학 중　3) 대학 졸업　4) 대학원 이상

6. 경제적으로 어느 계층에 속한다고 생각하십니까?

1) 하층　2) 중하층　3) 중류층　4) 중상층　5) 상층

7. 현재 사는 곳은 어디입니까?

1) 서울특별시 2) 인천광역시 3) 대구광역시 4) 대전광역시 5) 부산광역시 6) 광주광역시 7) 울산광역시 8) 경기도 9) 충청남도 10) 충청북도 11) 경상남도 12) 경상북도 13) 전라남도 14) 전라북도 15) 강원도 16) 제주도

8. 현재 사는 곳의 행정단위는 무엇입니까?

1) 서울특별시
2) 광역시
3) 광역시를 제외한 시 · 군 · 구 지역
4) 읍 · 면 · 리 지역

9. 다문화 관련 직종에 종사한 적이 있습니까?

1) 현재 종사 하고 있음
2) 과거에 종사하였음(현재 종사하지 않음)
3) 종사한 경험 없음

└→ **(다문화 관련 직종에 종사한 경험이 있다면) 어떤 직종이었습니까?**

예) 다문화 전공자, 다문화 센터 근무, 다문화 강사, 공무원 등

2. 캐나다 현장 탐방 보고서

캐나다의 다문화주의 실천이 다문화 한국의 사회통합에 갖는 함의

캐나다는 다문화주의를 공식적인 정책으로 맨 처음 도입한 국가이다. 흔히 다문화 사회가 따라야 할 가장 바람직한 모형으로 꼽힌다.

1. 이주의 역사와 인구 구성

- 1881년 캐나다 인구의 97퍼센트는 유럽인이었으며, 이 가운데 90퍼센트는 영국과 프랑스 출신이었다. 그러나 19세기 말과 20세기 초 유럽인들의 대량 이주가 이루어지면서 민족 출신의 다양성이 증가했다.
- 1960년대 이민법 개정이 이루어지기 전까지 캐나다는 국적에 따라 이주자를 차별적으로 받아들였다. 유럽인 중에서도 서유럽인을 선호하였다.
- 그러나 1960년대 들어 노동력 부족이 심각한 문제로 부상하면서 이민자 수용의 기준을 국적이 아니라 노동력 중심으로 전환하였다. 교육, 기술수준, 언어능력 등을 기준으로 이주민을 선별적으로 받아들이면서 숙련된 기술을 갖춘 다양한 인종, 민족, 언어 집단 출신의 사람들이 캐나다로 이주하였다.
- 다문화주의를 도입한 1971년 당시 캐나다의 인구 2,150만 명 가운데 영국계와 프랑스계를 비롯한 유럽계인구가 96%로 절대 다수였다. 이후 아시아계, 중남미계 등 비유럽지역에서의 이민 급증으로 영국계와 프랑스계를 뺀 나머지 "제3세력(Third Force)" 가운데 유럽계가 차지하는 비율은 1971년 88.5%에서 1991년 55.7%로 떨어졌다. 소수 민족 인구는 꾸준히 증가하고 있는데, 비유럽계 중에서도 중국계 인구의 증가가 두드러진다. 2006년 조사에서 캐나다 인구 가운데

출생지가 캐나다가 아닌 사람의 비율은 전체 인구의 19.8%에 달했다. 이는 미국(12.5%)보다 크게 높은 수치이다.

2005년 이후 매년 대략 25만 명의 이민자가 입국하고 있으며, 2006년 기준 캐나다에는 200여 개 민족들이 거주하고 있다.

캐나다의 이민 카테고리 구분에 따르면 숙련전문직, 기업과 투자, 경력 이민과 같은 경제이민과 가족초청 이민과 난민 등이 있다. 이 중 경제이민의 가장 대표적인 형태이자 가장 많은 이들이 지원하는 숙련전문직 이민은 학력, 경력, 나이, 영어나 불어 구사능력, 사회 적응력을 기준으로 결정된다. 숙련전문직 이민의 경우 인력이 필요한 분야의 경쟁력을 갖춘 이민자의 신청은 장려되고, 비교적 신속하게 이루어진다. 반면 인력이 남아돌거나 전망이 없는 분야의 인력 이민은 중단되거나 절차가 지연되기도 한다. 캐나다 이민부는 이민 카테고리별로 이민자 수를 조정하며 경제에 기여할 수 있는 이민정책을 추진하기 위해 노력하고 있다.

경제적 측면을 배려한 이민과 더불어 인도적 차원의 이민 정책도 실시하고 있다. 가족의 재결합을 위해 가족초청 이민을 허용하고 있으며 가족초청 이민이 전체 이민의 25% 정도를 차지한다. 인도적 차원 또 국제적 의무 수행을 고려하여 수용하는 난민들에게는 필요에 따라 정부가 재정적으로나 사회적으로 지원을 제공한다. 난민들은 영주권을 받기 전에 취업 비자를 받아 구직활동을 할 수 있고 혹 취업이 안 되어 수입이 없을 경우에는 생활비 보조금 지급과 함께 이민자와 같이 무료로 영어나 불어 과정을 수강하는 등 각종 사회복지 혜택을 받을 수 있다.

2. 사회 통합을 위한 캐나다의 정책 및 프로그램

- 캐나다는 국가형성 과정부터 원주민과 유럽의 다양한 민족 집단이 공존하는 '다문화' 현상이 시작되었다.
- 그러나 '다문화주의'를 국가적 지향적으로 삼기 시작한 것은 비교적 근래의 일이다. 캐나다는 이민자에 의해 설립한 나라이지만, 영국계와 프랑스계가 주도한 국가 정책은 다른 민족 집단에는 그다지 포용적이지 않았다. 국가 설립 과정

에서 다수의 원주민 공동체가 파괴되었으며, 이후에는 상당기간 동화주의적 이민 정책을 전개하였다.

- 캐나다의 연방정부는 1971년 당시 수상이던 피에르 트뤼도 총리의 선언으로 다문화적 정책을 공식적으로 채택하였다. 이는 새로운 이주민들로 하여금 그들의 문화 보존을 허락하고, 그들을 동화의 대상으로 취급하는 것이 아니라, 통합의 대상으로 인식하는 것을 골자로 하였다. 이로써 캐나다는 다문화주의 정책을 공식적으로 시행한 최초 국가 중 하나로 손꼽히게 되었다. 그러나 당시 캐나다 인구는 대부분 유럽 출신으로 비유럽 출신은 전체 인구의 3퍼센트에 불과했다.
- 이후 1982년에는 캐나다 헌법의 일부인 캐나다 권리 및 자유 헌장(the Canadian Charter of Rights and Freedoms)의 27조를 통해 "캐나다인의 다양한 문화적 유산을 보전하고 함양한다'고 공언하였다. 캐나다의 다문화주의 정책은 캐나다인들이 핍박에 대한 두려움 없이 각자의 종교를 따르고 정체성을 유지할 수 있도록 허용하는 것을 골자로 한다. 따라서 정책은 다양한 민족 및 개인적 신념들 간의 상호 존중을 강조한다. 권리 및 자유 헌장은 16조에서 영어와 불어를 캐나다의 공식 언어로 규정하는 한편, 23조에서는 영어 사용지역의 불어 사용자나, 불어 사용지역(예-퀘벡)의 영어 사용자가 각각 고유 언어로 교육받을 수 있는 권리를 보장하고 있다.

■ 다문화주의법(Multiculturalsim Act, 1988)

캐나다의 다문화주의가 구체적이고 실질적인 다문화주의법(Multiculturalism Act)로 시행되기 시작한 것은 1988년도부터이다. 다문화주의법의 제정 및 시행으로 모든 캐나다인의 평등을 확인하였을 뿐 아니라, 어보리진(Aborigine)의 권리를 확립하고, 공식 언어의 규정이 이루어졌다.

다문화주의법은 두 가직 핵심 원리를 기반으로 한다. 첫째, 시민은 평등하며 각자의 문화적 유산을 보전하고 양양할 수 있는 자유를 갖는다. 둘째, 다문화주의는 모든 개인과 공동체가 그 출신이나 기원과 무관하게 캐나다 사회의 모든 요소에 완전하고 평등하게 참여할 수 있도록 돕는다. 이러한 원칙하에 다문화주의법은 캐나다의 다문화적 유산을 인정하고 보전하며, 어보리진의 권리를 인정하고, 영어와 불어를 공식 언어로 규정하는 한편 이외 언어들의 사용을 허용하고, 인종이나 종교 등에 상관없이 평등한 권리를 보장하고, 소수자 집단이 자신들의 문화를 향유할 수 있는 권리를 인정하는 것을 내용으로 하고 있다.

다문화주의법은 다문화주의를 캐나다사회의 근본적인 특성으로서, 그리고 연방정부의 의사결정 과정에 있어 필수적인 요소로 인정하였다. 다문화주의법은 연방정부 차원에서 문화와 언어의 보존, 반차별 노력, 문화간 이해의 증진 및 문화적 감수성이 있는 정부기관들의 변화를 도모한다. 모든 캐나다 시민들은 동등한 의무와 권리를 가지고 있다고 서문에 명시하고 있다.

■ 이민 및 난민 보호법 (Immigration and Refugee Protection Act)

1976년도에 제정된 이민법을 2001년도에 개정한 법령으로 경제적 성장과, 가족간의 재결합 그리고 인도적인 측면에 입각한 이민정책을 강조하였다.

■ 캐나다 시민권 및 이민부(Citizenship and Immigration Canada)

이민 이후 3년간 정착에 관한 서비스를 한다. 캐나다에 새로 들어온 이민의 어학 습득 프로그램, 이민정착 프로그램, 호스트 프로그램, 난민 프로그램 등에서 활동하는 단체에 대하여 재정지원을 한다.

■ 캐나다 문화유산부(Canadian Heritage)

다문화주의법 공포 이후, 캐나다의 연방정부 부처들은 다문화주의법의 실행을 위하여 다양한 프로그램들을 개발하여 실시해 왔다. 1991년 연방정부는 다문화주의의 원칙을 옹호하고 다양한 공동체가 공동체적 삶에 참여하도록 지원하는 것을 목적으로 하는 다문화주의 시민부(Multiculturalism and Citizenship)를 신설하였다. 이는 이후 캐나다 문화유산부(Canadian Heritage)로 변경, 확대되었다.

문화유산부는 캐나다 다문화주의법에 의거하여 다문화주의 프로그램을 실시

한다. 다문화주의 프로그램의 목적은 연방정부 기관들 사이에 다문화주의의 인식을 조성하고, 이민자들의 캐나다 사회에의 온전한 참여를 방해하는 인종, 민족적, 또는 종교적 배경에 관련된 장애물을 제거하는 것이다. 공용어 프로그램, 기타 캐나다인으로서 정체성 형성을 촉진하기 위한 사업을 수행하고 있다. 이 사업은 캐나다의 다양성을 캐나다 사회의 기본적 특질로 하고 다문화적 유산을 보존, 개선하고 동시에 캐나다인의 경제적, 사회적, 문화적, 정치생활상의 평등실현을 목적으로 한 것이다. 다문화주의 프로그램에는 다문화주의법을 실현하기 위한 다양한 정책, 연구, 다문화주의 인식개선과 관련된 시민단체 혹은 지역사회에 대한 지원 등으로 구성된다.

문화유산부는 다문화주의 실행에 대한 결과보고서를 매년 의회에 제출한다. 그 프로그램들에는 다문화 공동체 형성을 위한 시민사회 활동에 대한 지원, 공공기관에 대한 지원. 시민대상 다문화교육과 홍보에 대한 지원, 연방기관에서의 다문화 교육프로그램 등이 있다.

- 다문화 공동체 형성을 위한 시민사회 활동에 대한 지원: 지역사회의 통합에 영향을 미치는 민족, 문화, 인종, 차별문제들의 해소를 통해 사회통합을 지양하는 것을 목표로 하는 시민사회단체의 프로젝트에 재정적으로 지원한다.
- 공공기관에 대한 지원: 공공기관의 다문화주의에 대한 이행 및 확산을 위한 이니셔티브 실행을 보조하고 격려하는 책임이 있으며, 관련 프로그램을 지원한다.
  예) 연방기관의 고위관료 중 한명을 다문화주의 챔피언으로 임명하여 활동하도록 한다.
- 시민대상 다문화교육과 홍보에 대한 지원
  예) 매년 2월 '흑인 역사의 달', 매년 5월 '아시아 유산의 달'
- 연방기관에서의 다문화 교육프로그램
  예) 왕립캐나다 경찰국에서 의무적으로 실시하는 직장에서의 평등, 문화적 다양성과 이해를 증진시키기 위한 훈련

3. 다문화 화합을 위한 구체적인 실천 사례

1) Canadian Race Relations Foundation(캐나다 인종교류재단)

홈페이지: http://www.crrf-fcrr.ca/en/

○설립 배경 및 연혁

1988년 캐나다 정부와 일본이민자 협회는 세계2차대전 이후에 이루어진 부당한 인권 침해적인 행위에 대한 배상을 골자로 하는 협약을 체결하였다. 이 협약에서 캐나다 연방정부는 "인종간 조화와 간문화적 이해를 함양하고 인종주의 철폐를 돕기 위한" 캐나다 인종교류재단 Canadian Race Relations Foundation의 창립을 약속한다. 이후 일본 이민자 연합에서 1,200만 달러를, 캐나다 연방정부가 1,200만 달러를 출자하여 1997년 공식적으로 문을 열었다. 재단 사무실은 토론토에 위치하며 활동은 전국 각지에서 전개하고 있다.

○설립 비전

보다 조화로운 캐나다를 위하여 인종주의 및 모든 형태의 인종 차별을 철폐하고, 캐나다인으로서의 정체성과 소속감, 시민으로서의 권리 및 의무 간의 균형을 달성하는 데 주도적인 역할을 수행한다.

○주요 과제

-조화로운 인종간 관계의 이해와 형성을 추구하며 인종 차별의 일소를 위해 노력한다.

-캐나다인으로서의 정체성-인간존엄성, 평등, 공정, 정의 등-을 함양한다.

-국가 정책과 여론 형성에 적절한 정보를 제공하는 역할을 수해한다.

-인종 관계와 상호 존중에 대한 토론과 연구를 촉진한다.

캐나다 인종교류재단은 인종간 화합과 간문화적 이해를 촉진하기 위한 교육사업과 문화사업을 실천하고 있다.

○주요 사업

- 교육 훈련 관련: 아동 및 청소년을 위한 교육과정 개발, 동영상 등 교육 자료 개발, 교사 교육용 워크샵 혹은 연수 과정 개발 등
- 협의체 구성: 전국의 주요 도시에서 캐나다의 인종 관계와 다문화주의에 대해 논의하는 협의체를 구성하여 운영
- The Canada Lecture: 인종주의 혹은 인종차별에 대한 통찰과 문제제기를 제공할 수 있는 주요 연사를 초청하여 강연(온라인/오프라인) 개최
- 전국 컨퍼런스 개최
- 각종 시상식 개최: 공로자 혹은 우수사례 관련 시상식 개최
- 인종주의 및 다문화주의 관련된 연구 조사 활동
- 메트로폴리스: 급격하게 다문화화 되고 있는 대도시 지역 학교 지원 사업

○운영 철학의 주요 특징(사무국장 Anita Bromberg와의 인터뷰 내용)

–캐나다의 다문화주의가 지향하는 캐나다의 모습은 무엇인가? 캐나다의 정체성은 무엇인가?

캐나다인들에게 '캐나다스러움' 혹은 '캐나다적 가치'란 완성되거나 고정된 것이 아니라 끊임없이 형성되어가는 과정 중에 있는 미완의 어떤 것이다. 예를 들어

남녀의 역할만 보더라도 양성에게 보장되는 권리와 자유의 내용, 의무와 책임의 내용은 시대에 따라 끊임없이 변화해 왔으며 양성간의 관계 역시 그러하다. 문화, 민족, 계층, 장애여부, 종교, 성적 취향 등에 따라 구분되는 다양한 집단간의 관계도 끊임없이 더 나은 비전을 추구해야 한다.

–문화적 다양성의 존중하다보면 사회적 통합이 저해될 가능성이 우려된다. 다양성과 통합간의 긴장 문제는 어떻게 해결할 것인가?

캐나다에서 이루어진 전국 사회 조사에 따르면 자기가 속한 민족 집단 혹은 문화 집단에 대한 소속감과 정체성이 강한 사람이 캐나다 국민으로서의 정체성도 강한 것으로 나타났다. 캐나다는 이민자들의 국가로 문화 다양성과 사회 통합을 서로 상반되는 가치라 생각하지 않는다. 이민자들에게 더 많은 기회를 주는 것이 결국은 통합과 안정에 기여한다는 역사적 경험을 충분히 축적해 왔기 때문이다.

예를 들어 캐나다도 과거에는 원주민을 핍박하거나 일본계, 중국계 이민자를 차별하는 과오를 범한 바 있다. 원주민들을 황무지로 격리 수용한다거나 원주민 자식들을 '계몽'한다는 미명하에 그들의 부모 및 전통문화로부터 강제로 분리하여 기숙 학교에서 가르치기도 하였다. 현재 원주민 사회는 알콜 중독, 폭력, 마약, 도박 등의 문제를 나타내고 있으며 이는 이들이 무능하고 위험하다는 사회의 고정관념을 재생산하고 있다. 원주민의 역사에서 알 수 있듯이 오늘날의 인종주의는 과거에 이루어진 격리와 억압의 산물이다. 따라서 이에 대한 적절한 보상과 책임이 당연히 따라야 한다. 한편, 캐나다의 다문화주의는 영국계와 프랑스계만의 공존이라는 비판도 받았다. 그러나 최근에는 이러한 과오를 반성하고 불우한 상황에 있는 소수집단들을 대상으로 하는 사회보장제도를 강화하고 교육 평등 강화를 위한 정책을 시행하고 있다. 또한 전쟁 난민이나 노동이민자를 그 어떤 국가보다 적극적으로 수용하고 있다.

–그러나 국제 테러나 경제 불황 등과 같은 위기 상황이 닥치면 캐나다 다문화주의에 대한 회의와 도전이 강해지지 않겠는가?

그럴 때 중요한 것이 정치적 리더십이다. 캐나다는 개국 이래로 줄곧 다양한 문화들간의 공존을 모색하는 것이 주요한 국가적, 역사적 과제였다. 그리고 그간의 위기에서 캐나다 정치는 유효하고 적절한 해결책을 제시해 왔다. 늘 발전만 있었던 것은 아니지만 때로는 후퇴하는 와중에서도 궁극적으로 보다 관용적이고, 자유로우며, 평등한 사회를 만들어 왔다. 위기의 상황에서 역사를 전범 삼아 적절한 방향을 제시하는 것이 리더십의 역할이다.

–소수공동체가 주류 문화에 적응하려 하지 않을 때는 어떻게 할 것인가?

주류 문화와 소수 집단 문화 사이의 균형은 모든 다문화사회의 고민거리 일 것이다. 중요한 것은 다문화 정책에 이 두 가지 측면이 모두 반영되어야 한다는 것이다. 즉, 다문화 정책이란 소수 문화를 보호하려는 것만도 아니고 그렇다고 주류 문화로 동화시켜서 문화적 단일성을 달성하고자 하는 것만도 아니다. 다문화 정책은 소수 집단들에게 그들의 정체성과 고유성을 표현할 수 있도록 하는 것과 더불어 이들 다양한 집단들을 국가 속에 통합시키는 동시에 지향해야 한다. 캐나다는 아직 고민 중이며, 지금까지 그러했듯이 적절한 방향을 찾아나갈 것이라 생각한다.

2) Centre for Canadian Language Benchmarks(캐나다 언어 표준 센터)

홈페이지 http://www.language.ca/

캐나다 언어 표준 센터는 1998년에 설립된 비영리기관으로, 관료, ESL과 FSL 전문가, 평가자 등으로 구성된 전국단위의 기관이다. '캐나다 언어 표준 Canadian Language Benchmarks: ESL for Adults의 활용을 교육, 훈련, 지역사회, 일터 등지에서 확산시키는 것을 목적으로 한다. 캐나다 언어 표준은 '이주민 정착을 위한 국가 정책 National Policy for Settlement'의 일환으로 개발되었으며 무상 사용을 허용하고 있다.

캐나다 언어 표준은 아동이 아닌 성인 이민자 혹은 이민희망자의 영어/불어 능력을 평가하고 판단하기 위한 기준이다. 듣기, 말하기, 읽기, 쓰기 영역에 걸쳐 영어/불어 능력을 평가하고, 크게 초급-중급-고급의 3단계로 구분한다. 이 3단계는 다시 각각 기초-양호-적정-유창의 하위 단계로 나뉜다. 즉 캐나다 언어 표준은 성인의 영어/불어 실력을 듣기, 말하기, 읽기, 쓰기의 영역별로 12단계로 구분한다.

캐나다 언어 표준 센터의 역할을 평가에만 그치지 않는다. 평가 결과를 토대로 영어/불어 능력을 향상시키고자 하는 성인들에게는 주민센터, 직업 학교, 대학의 어학원 등에서 거의 무상으로 각 수준별 교육 프로그램을 제공한다. 아이가 있는 여성의 경우 교육 중에 탁아 시설 이용도 제공한다.

캐나다 언어 표준 센터의 활동은 영주 의사를 가진 이들에게 그 정착을 확실하게 지원한다는 캐나다 이주민 정책을 대표한다고 할 수 있다. 공식 언어 사용 능력은 사회 정착을 위해 교육을 받거나 직업을 구하는 데 있어서 매우 주요한 자원이다. 이주민이 캐나다 사회에서 원활하게 정착하기 위해서는 공식 언어인 영어나 불어 능력을 갖추는 것이 무엇보다 중요하다. 캐나다 언어 표준 센터는 평가를 통해 이주민 집단을 위계화하거나 선발하는 것이 아니라 공식 언어 능력을 갖출 수 있도록 적절한 교육 지원을 해주는 것이 궁극적인 목적이다. 표준의 성격도 문

Stage I - Basic Language Ability

Benchmark and Ability Level	Listening	Speaking	Reading	Writing
CLB 1: Initial CLB 2: Developing CLB 3: Adequate CLB 4: Fluent	Interpreting simple spoken communication in routine, non-demanding contexts of language use within the four Competency Areas.	Creating simple spoken communication in routine, non-demanding contexts of language use within the four Competency Areas.	Interpreting simple written communication in routine, non-demanding contexts of language use within the four Competency Areas.	Creating simple written communication in routine, non-demanding contexts of language use within the four Competency Areas.

Stage II - Intermediate Language Ability

Benchmark and Ability Level	Listening	Speaking	Reading	Writing
CLB 5: Initial CLB 6: Developing CLB 7: Adequate CLB 8: Fluent	Interpreting moderately complex spoken communication in moderately demanding contexts of language use within the four Competency Areas.	Creating moderately complex spoken communication in moderately demanding contexts of language use within the four Competency Areas.	Interpreting moderately complex written communication in moderately demanding contexts of language use within the four Competency Areas.	Creating moderately complex written communication in moderately demanding contexts of language use within the four Competency Areas.

Stage III - Advanced Language Ability

Benchmark and Ability Level	Listening	Speaking	Reading	Writing
CLB 9: Initial CLB 10: Developing CLB 11: Adequate CLB 12: Fluent	Interpreting complex spoken communication in demanding contexts of language use within the four Competency Areas.	Creating complex spoken communication in demanding contexts of language use within the four Competency Areas.	Interpreting complex written communication in demanding contexts of language use within the four Competency Areas.	Creating complex written communication in demanding contexts of language use within the four Competency Areas.

법의 이해나 역사적 지식에 대한 습득보다는 구체적인 상황의 의사소통 능력을 평가하는 것이 중점이 된다. 따라서 사무, 의료, 교육, 상업 등 직무 분야에 따라 평가 표준을 구체화하고 더불어 그에 상응하는 교육 프로그램도 제공하고 있다.

3) English Montreal School Board(퀘벡주 몬트리올 영국계 교육청)

홈페이지: http://www.emsb.qc.ca/

◌ 퀘벡은 불어 사용자가 다수를 차지하는 지역이다. 신규 이주민은 법적으로 불어 사용 학교로 진학하도록 되어 있다. 기존 거주민의 학령기 자녀가 학교로 진학할 때는 부모의 교육배경에 따라 학교 선택이 달라진다. 부모가 불어 사용 학교를 다닌 경우에는 자녀는 무조건 불어 사용 학교로 진학하여야 한다. 반면 부모가 영어 사용 학교를 다닌 경우에는 자녀는 불어 사용 학교와 영어 사용 학교 중에 선택하여 취학할 수 있다.

◌ '몬트리올 영국계 교육청'은 퀘벡주 안에서는 소수자가 되는 영어 사용자가 진학하는 학교들을 관할하는 교육청이다. 몬트리올 영국계 교육청의 관할 지역에는 초등학교 35개교, 중등학교 17개교 외에 성인 대상 교육 12개교 등이 위치하고 있으며, 초·중등학교 학생과 성인 학습자를 합하여 36,000여 명이 넘는 학습자를 관리하고 있다.

◌ 교육과정 운영의 특징

가. 이중 언어 교육과정

기본적으로 영어를 제1언어로 하는 학습자가 진학하지만, 캐나다 정부의 이중 언어 정책 및 불어 구사자가 다수자를 구성하는 퀘벡주의 실태를 감안하여 영어와 불어를 모두 유창하게 구사하도록 교육하는 것을 목표로 한다. 학교급 및 교과에 따라 영어와 불어가 구성하는 비율은 아래와 같이 다양하다.

-1~2학년에는 부분 이머젼 프로그램(시수의 52% 이상 불어 수업), 100% 불어

로 진행되는 초기 불어 이머젼이 실시된다.

-3~6학년에는 시수의 최소 44% 이상을 불어로 실시하는 이머젼 프로그램 혹은 부분 이머젼 프로그램이 제공된다.

-중등 1~3학년에는 38~72%에 이르는 다양한 불어 비중의 수업을 들을 수 있다.

-중등 4학년에는 불어 수업 외에 불어로 진행되는 역사 수업을 들을 수 있다.

-중등 5학년에는 불어로 된 수업만 듣는다.

나. '시민성(citizenship)'교과

-초 · 중등학교에서는 '시민성' 과목을 개설하고 있다. 보통 주 당 1차 정도 실시되면, 중등학교에서는 대개의 경우 영어 교사가 전담하고 있다.

-정치 · 경제 교과가 공적 영역에서 이루어지는 유권자로서의, 소비자로서의, 노동자로서의 권리와 자유 행사, 의무 및 책임의 완수와 관련된 과목이라고 할 수 있는데 비해, '시민성' 과목은 일상에서 가족, 친구, 이웃, 직장 동료와의 상호작용에서 지켜야 할 원리 등에 중점을 두고 있는 것이 특징이다. '시민성' 과목은 윤리, 종교, 소통(dialogue)으로 구성된다. 시험이 없는 과목으로 학생들이 정서적 감응과 체험을 통해서 다문화 사회에서 서로 인정하고 화합하는 자세를 배우도록 하는 데 중점을 두고 있다.

다. 문화적 다양성과 교육적 쟁점

-문화적 다양성 및 시민성과 관련하여 학교교육의 핵심은 '모든 학생들에게 안전한 학교'를 만드는 것이다. 즉, 인종, 성별, 종교, 성적취향, 계층의 배경에 따라 위협이나 차별을 받지 않도록 하는 것이다.

-최근에는 성적 소수자에 대한 존중과 사이버 윤리 함양에 중점을 두고 있다. 관내 학교에서 동성애 혐오의 사회적 악영향에 대한 콘테스트를 개최한다거나 사이버 괴롭힘(bullying), SNS를 통한 지나친 사생활 노출 혹은 침해 등의 문제에 대해 경각심을 갖도록 하는 교육을 실시하고 있다.

-문화적 다양성 존중에 대한 교육과 관련하여서 다양한 문화집단들의 거부나 집단간 갈등이 문제가 될 수 있다. 이에 대해 캐나다 교육부는 권위를 기반한

퀘벡주 몬트리올시 교육청의 De Silva 장학사가 다문화적 시민성 함양을 위한 과목과 교재를 소개하고 있다 (2016. 02. 16)

중립성을 취하고 있다. 캐나다는 사립 학교 및 종립 학교도 국가로부터 재정 지원을 받고 있다. 교육부는 재정 지원을 근거로 하여 교육과정 편성에 있어 관리/감독권을 행사한다.

4. 캐나다 다문화 정책의 시사점

캐나다는 분명 가장 모범적인 다문화 사회이다. 캐나다가 이렇듯 성공적인 다문화 공존을 이룰 수 있었던 것은 무엇보다 이민자 국가라는 역사적 배경이 가장 큰 원동력일 것이다. 이민자 국가로서의 경험은 국가 정책과 시민 문화 양쪽에 다문화 공존에 기여하는 주요한 유산을 남겼다.

우선 국가 정책적 측면에서 캐나다는 정주를 희망하는 이주민에 대해서는 그들의 자유와 권리를 동등하게 보장하며 정착을 위한 지원을 아끼지 않는다. 즉, 국가와 이주민의 관계는 이주민이 국가에 대한 의무와 책임을 다하고, 이에 대해 국가는 이주민의 자유와 권리를 철저히 보장한다는 원리에 따라 이루어진다. 이는 캐나다에서 정치적 권위는 그 건국 시기부터 특정 종교, 역사나 전통, 민족적 공통성, 인종적 정체성과 같은데서 출발하지 않고 철저하게 세속적인 성격을 띠기 때문에 가능한 것이다. 우리나라는 단일민족, 단일문화의 신념속에서 오랫동안 살아왔으며 이러한 신념은 국민으로서의 지위나 시민적 권리를 누구에게 보장할 것인가를 판단하는 데 있어서 혈통이나 역사적 기억의 공유를 중요한 잣대로 삼도록 영향을 미쳤다. 그러나 국내외로의 이주가 나날이 증가하는 지금, 모든 국가는 어느 정도는 이민자 국가라고 할 수 있다. 특정 개인에게 국민적 지위나 시민적 권리의 부여 여부를 판단하는 기준이 재고될 필요가 있다.

물론 캐나다 다문화 정책에 대한 비판도 존재한다. 일각에서는 캐나다의 다문화주의는 영국계와 프랑스계의 주류적 위치를 전제로 한, 양자간 관계에 한정된 조화와 공존이라고 비판한다. 혹자는 캐나다의 다문화 정책을 '국가 통합과 경쟁력 강화를 위한 다문화 정책'으로 규정한다. 캐나다의 다문화주의는 국내외적 환경의 변화 속에서 국가 통합과 경쟁력 제고를 위해 지배 그룹이 타협한 산물이라는 것이다. 따라서 다문화주의는 모든 민족/문화 주체들의 완전한 평등이 아니라 통합의 구심점으로서 지배 그룹의 권위를 인정하는 틀 안에서 민족간 상호 이해와 포용을 추구하는 방식으로 나타난다는 것이다.

최근에는 보수적 교육정책으로 인한 다문화교육의 위축이 우려되고 있다. 문화유산부는 '소수공동체들이 캐나다 생활의 모든 분야에 효과적으로 참여할 수 있도록' 하는 것에 초점을 맞춘다. 문제는 소수집단의 참여를 제한하는 제도적 또는 기관의 문제 가능성을 고려하지 않는다는 것이다. 즉, 보수정부의 접근은 인종차별주의를 단지 과거의 문제로 취급하며 여전히 남아 있는 인종차별주의 사례는 개인적인 병리 문제로 취급하고 있다. 경제적 참여와 사회적 결속이라는 주제에 비해 시민권, 정체성, 사회정의에 대한 안건은 부차적인 것으로 간주되고 있다. 현재 캐나다의 다문화교육 정책은 신자유주의와 신보수주의 이데올로기에 큰 영향을 받았다. 결과적으로 다양성 관련 문제는 주류사회에 적응하지 못하는 특정 집단이 문제의 원인이라는 관점에서 재정의된다.

이진석(李鎭錫)

서울대학교 사회교육과 졸업
서울대학교 대학원 사회교육과 졸업(교육학 박사)
현재 부산대학교 일반사회교육과 교수
한국다문화교육연구회 부회장
한국법교육학회 부회장

모경환(牟坰煥)

서울대학교 사회교육과 졸업
UC Berkeley 교육학 박사
현재 서울대학교 사회교육과 교수
한국다문화교육학회 회장

임정수(林訂秀)

서울대학교 사회교육과 졸업
서울대학교 대학원 사회교육과 졸업(교육학 박사)
현재 한국다문화교육학회 사무국장

이동훈(李東勳)

부산대학교 일반사회교육과 졸업
서울대학교 대학원 사회교육과 졸업(교육학 석사)
현재 한국다문화교육학회 편집간사

아 | 산 | 재 | 단 | 연 | 구 | 총 | 서

1 전환기의 중국경제
김윤환 외 | 단국대 경제학과

2 폴란드 경제의 변천 개혁과 그 전망
김광수 | 숭실대 경제학과

3 재소한인
이광규 외 | 서울대 인류학과

4 소련산림과 임업
홍성천 외 | 경북대 임학과

5 아세안의 정치경제
김국진 외 | 외교안보연구원

6 태국의 사회변동과 경제발전
최석만 외 | 전남대 사회학과

7 중국의 사회경제 통계분석
신한풍 외 | 고려대 통계학과

8 중국의 정치와 경제
박두복 외 | 외교안보연구원

9 동유럽의 개혁과 시장경제의 도입
허만 외 | 부산대 사범대학

10 동유럽의 개혁운동
박영신 | 연세대 사회학과

11 현대 러시아 연구
기연수 외 | 한국외대 노어과

12 전략적 선택과 기업의 국제경쟁력
이장호 | 서강대 경영대학

13 협동사회의 정착과 정부의 역할
이종범 외 | 고려대 행정학과

14 한국 제조기업 생산성의 동적 분석
노부호 외 | 중앙대 경영대학

15 분배의 정의
변형윤 외 | 서울대 경제학과

16 도덕적 행동의 강화
이훈구 외 | 연세대 심리학과

17 관료부패와 통제
김해동 외 | 서울대 행정대학원

18 한국경제의 내실 있는 성장
정창영 외 | 연세대 경제학과

19 한국국민정신운동의 역사와 발전방향
박수명 외 | 부산대 사범대학

20 한국대학생의 가치성향과 상담효과
이영희 외 | 숙명여대 교육학과

21 가출청소년과 학교관리체제
안창규 외 | 부산대 교육학과

22 동북아 정세변화와 한 · 일관계
한승조 외 | 고려대 정치외교학과

23 언론과 부정부패
정대철 외 | 한양대 신문방송학과

24 한국의 고등학교 교육
이원호 외 | 부산대 교육학과

25 가족과 방송
김학수 외 | 서강대 신문방송학과

26 재정개혁의 전망과 재산세제의 개편과제
오연천 | 서울대 행정대학원

27 청소년을 위한 전자게임 프로그램의 규제 및 평가체계 개발
박혜원 외 | 울산대 가정관리학과

28 정신장애자 가족의 사회심리적 특성
이근후 외 | 이화여대 의과대학

29 가족의 관계역동성과 문제인식
이광규 외 | 서울대 인류학과

30 현대인과 한국전통음식
승정자 | 숙명여대 식품영양학과

31 기업의 초고속정보통신망활용
안중호 | 서울대 경영학과

32 지역발전을 위한 교육자치제의 개선방안
김남순 | 조선대 사범대학

33 전환기의 공무원 가치관
조경호 | 울산대 행정학과

34 지방자치와 사회복지의 과제
김영모 | 중앙대 사회복지학과

35 WTO체제하의 지방중소기업 지원정책
최명주 외 | 계명대 통상학부

36 현대한국의 시민운동
이효선 | 중앙대 사회학과

37 기업 세계화의 단계 및 정도의 측정
허영도 외 | 울산대 경영학과

38 가족복지를 위한 가족주치의 시범사업의 효과
이혜리 외 | 연세대 가정의학교실

39 한국대학생의 삶의 만족도
김재은 외 | 이화여대 교육심리학과

40 지역경제와 지역산업구조의 개편방향
정기화 외 | 전남대 경제학부

41 중국기업의 소유형태별 경영특성
노철화 외 | 부산대 무역학과

42 남북한의 인성 · 사상교육
한승조 외 | 고려대 정치외교학과

43 연계적 뇌기능 조언을 위한 의료용 멀티미디어 시스템의 설계
유선국 | 연세대 의용공학교실

44 다민족국가의 민족문제와 한인사회
최협 외 | 전남대 인류학과

45 저소득층지역 청소년 여가문화와 소집단 활성화
박문수 외 | 서강대 사회학과

46 삶의 질의 국제비교와 지역간 비교분석
이재기 외 | 울산대 경제학과

47 21세기 지역주민의 삶의 질
양종회 외 | 성균관대 사회학과

48 삶의 질에 대한 국가간 비교
조명한 외 | 서울대 심리학과

49 외국인 노동자의 노사관계와 사회적 적응
석현호 외 | 성균관대 사회학과

50 한국의 사법제도와 발전 모델
정종섭 | 건국대 법학과

51 고령화사회와 중상층 노인의 사회활동
조성남 외 | 이화여대 사회학과

52 한국의 서비스 시장 개방정책
한홍렬 | 한양대 경제학부

53 한국과 AFTA간의 교역증진 및 경제 협력방안
손일태 외 | 경희대 경제통상학부항

54 물류비 절감을 위한 무역업체의 정보화전략
이영수 외 | 경북대 경제통상학부

55 사회주의 체제전환과 사회정책
오정수 외 | 충남대 사회복지학과

56 남북통일 이후 농업생산체계 개편
홍성규 외 | 건국대 농업경제학과

57 국제화와 세계화
하영선 외 | 서울대 외교학과

58 IMF 개혁정책의 평가와 한국경제의 신(新) 패러다임
조동근 | 명지대 경제학과

59 구조개혁과 실업대책
박동운 | 단국대 경제무역학부

60 21세기 신노사관계
심윤종 외 | 성균관대 사회학과

61 학교에서의 집단 따돌림
이춘재 외 | 가톨릭대 심리학과

62 한국노인의 정신건강실태와 건강증진
조맹제 외 | 서울대 의과대학

63 혁명과 개혁 속의 중국 농민
김광억 | 서울대 인류학과

64 중국의 경제환경과 한국기업의 진출 전략
지용희 외 | 서강대 경영학과

65 김대중 대통령의 시스템 사고
김동환 | 중앙대 공공정책학부

66 실업과 가족해체
최일섭 외 | 서울대 사회복지학과

67 합리적 부채비율 조정방안
오상근 | 동아대 경제학과

68 한국 중산층의 생활문화
문숙재 외 | 이화여대 소비자·인간발달학과

69 계층간 갈등상태에서 최적소득세
김진욱 | 건국대 경상학부

70 글로벌 경쟁력 제고를 위한 기업전략과 조직구축
이만우 외 | 고려대 경영학과

71 의료보험과 국민연금의 관리효율화를 위한 통합방안
사공진 외 | 한양대 경제학부

72 정부개혁의 과제와 전략
박우서 외 | 연세대 행정학과

73 책임운영기관 제도에 관한 비교분석
김근세 | 가톨릭대 행정학과

74 새로운 패러다임하에서의 한국기업의 바람직한 지배구조
최운열 외 | 서강대 경영학과

75 현대 한국사회의 계층구조
양춘 외 | 고려대 사회학과

76 한국의 산업정책과 산업구조조정
강안수 | 숙명여대 경제학부

77 기업구조조정
김석진 | 경북대 경영학부

78 지식경영을 위한 인적자원 개발 및 관리체계
장영철 | 경희대 경영학부

79 뉴 비즈니스 모델
전성현 | 국민대 정보관리학부

80 중산층의 정체성과 소비문화
함인희 외 | 이화여대 사회학과

81 외국관광객 유치를 위한 마케팅 전략
박상규 | 강원대 경영학과

82 한국인의 세대별 문학의식
이동순 | 영남대 국문과

83 공공부문의 효율성 평가와 측정
김재홍 외 | 울산대 사회과학부

84 한국 청소년의 정치의식과 형성요인
김광웅 외 | 숙명여대 아동복지학과

85 한국 대학생의 정치의식
배한동 | 경북대 윤리교육과

86 산업의 정보화와 산업발전
이기동 | 계명대 통상학부

87 한국 제조업의 고용조정 분석
이종원 외 | 성균관대 경제학부

88 지식자산에 대한 경영전략적 평가모형 개발
배재학 외 | 울산대 컴퓨터·정보통신공학부

89 관광사업을 위한 한국적 이미지의 휴식복 개발
채금석 | 숙명여대 의류학과

90 한국 정치제도의 개혁
신정현 | 경희대 사회과학부

91 e비즈니스와 아웃소싱 전략
정승화 외 | 연세대 경영학과

92 집단 따돌림의 진단 및 치료방안
홍준표 | 중앙대 인간생활환경학과

93 16대 총선과 낙선운동
조기숙 | 이화여대 국제대학원

94 부동층 유권자 행태 분석
신영재 | 연세대 정치외교학과

95 사이버 공동체의 성공요인
이재관 | 숭실대 경영학부

96 온라인 소비자 행동의 이론과 실증
윤성준 | 경기대 경영학부

97 글로벌 시대 정약용 세계관의 가능성과 한계
차성환 | 한일장신대 역사사회학과

98 러시아의 체제전환 과정에서 나타난 국가의 역할과 그 전망
이상민 외 | 부산대 정치외교학과

99 남북한의 경제발전 수준과 산업구조 비교, 그리고 경제교류 협력방향
주성환 | 건국대 경제학과

100 집단따돌림과 교육해체
한준상 | 연세대 교육학과

101 공적연금제도의 효율성과 개선방안
유금록 | 군산대 행정복지학부

102 벤처기업-대기업의 성공적인 협력 모델
나중덕 | 경산대 경영학과

103 북한의 재외동포정책
조정남 외 | 고려대 정치외교학과

104 사이버 공동체 형성의 역동적 모형
장용호 | 서강대 신문방송학과

105 기업이론과 기업의 소유지배구조
김일태 외 | 전남대 경제학부

106 가축분뇨 자원화를 위한 공동이용조직에 대한 농가선호도 분석
유덕기 | 동국대 생명자원경제학과

107 개혁정책과 전문가 집단
이경원 외 | 제주대 행정학과

108 현대 한국사회의 이중가치체계
신수진 외 | 이화여대 가정관리학과

109 한국의 산업구조 변화와 기업집단 다각화 전략
김용학 외 | 연세대 사회학과

110 지식정보사회의 경제적 모형 설정 및 사례 연구
김범환 | 배제대 경영정보학부

111 변호사징계제도
오종근 | 한림대 법학부

112 인터넷 특허법
김순석 | 광주대 법학과

113 e-비즈니스 시대의 금융 및 재정정책의 새로운 패러다임
이종욱 | 서울여대 경제학과

114 청소년의 하위문화와 정체성
조성남 | 이화여대 사회학과

115 디지털금융시대의 금융구조변화와 정부규제 및 정책
이충열 | 고려대 경제학부

116 지식경영을 위한 기업의 조직설계방안
김경수 외 | 전남대 경영학과

117 전자금융의 발달과 경제정책의 새로운 패러다임
이명훈 | 명지대 경제학과

118 동아시아의 안보와 유엔체제
강성학 편저 | 고려대 정치외교학과

119 유료 치매노인 그룹홈의 개발과 관련 정책
최정신 외 | 가톨릭대 소비자·주거학과

120 소비자 지향적 문화산업 정책
홍영준 | 호남대 광고홍보학과

121 국제·국가·지방 환경규제의 연계
정준금 외 | 울산대 행정학과

122 현행 회사 합병·분할제도의 평가와 개선방안
옥무석 외 | 이화여대 법학과

123 배려지향적 도덕성과 정의지향적 도덕성
정옥분 외 | 고려대 사범대학

124 기업구조조정에 대한 채권금융기관 및 금융감독기관의 역할과 책임
이중기 | 한림대 법학과

125 실업대책으로서 한국의 법정기준근로시간 단축
박영범 | 한성대 경제학과

126 프랑스어의 비분리성 소유개념 표현
노윤채 | 연세대 언어정보연구원

127 지방채의 효율적 관리방안
강태구 | 호원대 법행정학부

128 21세기 산업구조 변화와 과학기술정책
임채성 외 | 그리스도신학대 경영정보학부

129 인터넷 쇼핑몰 이용자의 불평행동
예종석 | 한양대 경영학부

130 한국기업의 성과급제도 현황, 효과 및 개선방안
김성수 | 서울대 경영학과

131 전자상거래와 소비자보호
서민교 외 | 경일대 인터넷국제통상학과

132 평생학습 사회에서의 인적자원개발을 위한 사회적 파트너십 구축
김영화 | 홍익대 교육학과

133 한국 공교육의 새로운 구상과 전략
권대봉 외 | 고려대 교육학과

134 한국의 정부개혁
김태룡 | 상지대 행정학과

135 지방정부 생산성 측정의 이론과 실제
이은국 외 | 연세대 행정학과

136 불가 시문학론
배규범 | 경희대 학술연구 교수

137 남북경제교류의 법적 문제
제성호 | 중앙대 법학과

138 경제위기와 청소년 발달
구인회 | 서울대 사회복지학과

185 글로벌시대의 계약법
박영복 | 한국외대 법과대학

186 배심제와 시민의 사법참여
안경환 | 서울대 법학과

187 동북아공동체
김재한 | 한림대 정치외교학과

188 정치 참여와 탈물질주의
김욱 | 배재대 정치외교학과

189 퍼지전문가회로망을 이용한 금융기관의 사이버 기업여신결정 지원시스템의 개발
권혁대 | 목원대 경영학과

190 환경정책과 환경법
송인성 | 전남대 지역개발학과

191 포스트모던 시대의 평생교육학
한숭희 | 서울대 교육학과

192 현대 한국인의 세대경험과 문화
박길성 외 | 고려대 사회학과

193 서구의 근로연계복지
김종일 | 건국대 사회복지학과

194 사회복지운동론
현외성 | 경남대 사회복지학과

195 외국의 역모기지 사례
유선종 | 건국대 부동산학과

196 옛이야기와 어린이문학
이지호 | 진주교대 국어교육학과

197 노인사회복지관광의 정책과제와 방안
김창수 | 경기대 관광학부

198 복지서비스의 민간위탁 시스템 분석
김순양 | 영남대 행정학부

199 새로운 빈곤층의 대두와 정부의 정책과제
김진욱 | 건국대 경제학과

200 문화행정론
김정수 | 한양대 행정학과

201 스칸디나비아 노인용 코하우징의 계획과 적용
최정신 외 | 가톨릭대 생활과학부

202 북한의 자연생태계
공우석 | 경희대 지리학과

203 통계로 이해하는 러시아
전홍찬 | 부산대 정치외교학과

204 사회복지법인의 경영과 회계
이동규 | 충남대 회계학과

205 의약분업 정책과정
차흥봉 | 한림대 사회복지학과

206 지역공동체와 평생교육
오혁진 | 동의대 평생교육학부

207 아동보호서비스의 실제
한미현 | 백석대 사회복지학부

208 그린마케팅
박재기 | 충남대 경영학부

209 아동권리와 아동복지
이혜원 | 성공회대 사회복지학과

210 국제 이주와 인도인 디아스포라
김경학 | 전남대 인류학과

211 질병과 의료의 사회학
조병희 | 서울대 보건대학원

212 북한이탈주민의 사회통합을 위한 지역복지실천의 모색
이기영 | 부산대 사회복지학과

213 치매노인케어론
조유향 | 초당대 간호학과

214 노인상담입문
서혜경 외 | 한림대 대학원 사회복지학과

215 '통일 이후 통일과정'으로서의 독일 통일영화
이준서 | 이화여대 독어독문학과

216 중국의 사회보장
오정수 | 충남대 사회복지학과

217 환경자원의 경제적 가치와 환경오염의 사회적 비용
김재홍 | 울산대 사회과학부

218 사회복지프로그램의 경제적 평가방법
박창제 외 | 상주대 사회복지학과

219 자유의지와 결정론
안건훈 | 강원대 철학과

220 심리학자들이 쓴 행복한 결혼의 심리학
채규만 외 | 성신여대 심리학과

221 현대 해석학 강의
양해림 | 충남대 철학과

222 한국인의 주거 빈곤과 공공주택
하성규 | 중앙대 도시 및 지역계획학과

223 IMF 경제위기와 한국 출산력의 변화
김두섭 | 한양대 사회학과

224 동아시아의 영토분쟁과 국제법
이석우 | 인하대 법학부

225 독일 복지국가와 사회복지서비스
정재훈 | 서울여대 사회사업학과

226 사회복지사를 위한 실용 비모수통계
엄명용 | 성균관대 사회복지학과

227 피해자학 연구
이윤호 | 동국대 경찰행정학과

228 광고언어창작론
박영준 외 | 부경대 국어국문학과

229 환경규제 패러다임의 전환
한철 | 한남대 법학과

230 고령사회의 노동환경변화와 고용 시스템의 문제점 및 법적 대응
고준기 | 국립군산대 법학과

231 세계화와 소득불평등
이성균 외 | 울산대 사회과학부

232 유비쿼터스 사회의 이해
안중호 외 | 서울대 경영학과

233 국제환경책임법론
박병도 | 건국대 법학과

234 한국의 선거와 민주주의
윤종빈 | 명지대 정치외교학과

235 한국 시민운동의 구조와 동학
조대엽 외 | 고려대 사회학과

236 또래관계
송영혜 | 대구대 재활심리학과

237 해외 한국기업과 현지인 노동자
석현호 외 | 에스콰이아학술문화재단

238 독일 국가복지에서 민간복지단체의 역할과 의미
차성환 외 | 한일장신대 사회복지학부

239 청정공학
조정호 | 동양대 생명화학공학과

240 한국전통연희론
심상교 | 부산교육대 국어교육학과

241 정신장애와 가족
서미경 | 경상대 사회복지학부

242 빈곤통계의 작성과 활용
김주환 | 동국대 정보통계학과

243 인터넷과 한국정치
강원택 | 숭실대 정치외교학과

244 북한의 시장경제이행
정영화 외 | 서경대 법학과

245 시스템사고로 본 지속가능한 도시
문태훈 | 중앙대 도시및지역계획학과

246 실버산업과 유비쿼터스 컴퓨팅
고일상 | 전남대 경영학부

247 재활상담과 사례관리
나운환 | 대구대 직업재활학과

248 영유아교육기관에서의 장애 이해 교육
유수옥 | 우석대 유아특수교육과

249 장애의 사회적 의미와 사회통합
박수경 | 대진대 사회복지학과

250 경제분석의 수리적 기초
조인성 | 공주대 경제통상학부

251 비영리부문의 비교연구
김승현 | 서울산업대 행정학과

252 고등교육경제학
반상진 | 전북대 교육학과

253 과학윤리교육의 이론과 방법
조희형 | 강원대 과학교육학부

254 결혼이민자가족의 이해
김오남 | 대불대 사회복지학과

255 동아시아 국가의 공공부조
신동면 | 경희대 사회과학부

256 특수아동 진단 및 평가
이나미 | 대불대 특수교육과

257 계약형 사회복지와 권리옹호시스템
이명현 | 경북대 상주캠퍼스 사회복지학과

258 실내공기질 및 위해성 관리
양원호 | 대구가톨릭대 산업보건학과

259 충남 방언 문법
한영목 | 충남대 국어국문학과

260 교육권론
노기호 | 군산대 법학과

261 도시경관계획론
임승빈 | 서울대 조경 · 지역시스템공학부

262 교통의 새로운 패러다임
김형철 | 경원대 도시계획 · 조경학부

263 노인의 삶의 질 향상을 위한 주거환경디자인
천진희 | 상명대 디자인대학 실내디자인전공

264 사회복지와 문화
박병현 | 부산대 사회복지학과

265 장애인복지의 이론과 실제
이선우 | 인제대 사회복지학과

266 창의성 개발을 위한 디자인교육 콘텐츠
김선영 | 인천가톨릭대 조형예술대학 환경디자인학과

267 구성주의 사회복지 실천 기술론
고미영 | 서울신학대 사회복지학과

268 장애아교육학
김기흥 | 부산교육대 유아교육과

269 지역사회복지와 자원부문
한상진 외 | 울산대 사회학과

270 환경관리회계
육근효 | 부산외국어대 회계학부

271 인권 관점에서 보는 장애인복지
유동철 | 동의대 사회복지학과

272 정신증상
송지영 | 경희대 의과대학병원 신경정신과

273 사이버공간의 사회심리학
이성식 외 | 숭실대 정보사회학과

274 노인에 대한 사회적 돌봄과 돌봄 서비스의 질 보장
최희경 | 신라대 가족노인복지학과

275 아동 심리치료의 실제
신현균 | 전남대 심리학과

276 사회복지와 위험관리
노충래 | 이화여대 사회복지전문대학원

277 국제 탄소시장의 이해
양승룡 | 고려대 식품자원경제학과

278 타자의 초상
신문수 | 서울대 영어교육과

279 한국정치와 환경정치
나정원 | 강원대 정치외교학과

280 북한이주민
윤인진 | 고려대 사회학과

281 음주의 사회경제적 비용
정우진 외 | 연세대 보건대학원

282 지방정치와 동북아 도시거버넌스
박재욱 | 신라대 행정학과

283 노숙인 복지론
남기철 | 동덕여대 사회복지학과

284 유럽통합과정과 지역협력
이규영 | 서강대 국제대학원

285 사회복지재정 연구
지은구 | 계명대 사회과학대학 사회복지학과

286 지역사회 교육개혁을 위한 시민사회 조직의 참여
김영화 | 홍익대 교육학과

287 복지사회를 대비한 국민연금의 구조개혁
박영석 외 | 서강대 경영학부

288 한미 FTA 지재권 협상에 따른 의약품 분야 사회후생 변화
오근엽 | 충남대 무역학과

289 산업입지, 환경 그리고 지역경제
이기동 외 | 계명대 국제통상학과

290 감성지능 개발을 통한 삶의 질 향상
김경수 외 | 전남대 경영학부

291 교육복지론
이용교 외 | 광주대 사회복지학부

292 인간과 행복에 대한 철학적 성찰
박찬국 | 서울대 철학과

293 유럽연합의 사회통합 사례와 교훈
이무성 | 명지대 정치외교학과

294 민영화와 사회후생
이상호 | 전남대 경제학부

295 북한의 교육학 체계 연구
최영표 외 | 동신대 교육대학원

296 한국 지속가능발전의 구조와 변동
정대연 | 제주대 사회학과

297 우리나라의 공익 연계 마케팅에 관한 연구
임승희 | 전주대 경영학부

298 시각장애인복지론
김영일 | 조선대 특수교육과

299 그린에너지와 환경촉매
정석진 | 경희대 화학공학과

300 취약학교 초등학생을 위한 온라인 보건 교육 프로그램
박경옥 | 이화여대 보건관리학과

301 신탁제도를 통한 고령자의 보호와 지원
최수정 | 서강대 법학전문대학원

302 사회적 약자계층에 대한 실태분석 및 정책방안
이은우 외 | 울산대 경제학과

303 한류 문화와 동북아 공동체
최혜실 | 경희대 국어국문학과

304 노동유연화와 해고보호법
권혁 | 부산대 법학전문대학원

305 사회복지 위험관리의 이해
박미은 | 한남대 사회복지학과

306 의료기관의 회계와 세무
노준화 | 충남대 경영학부

307 여성인적자원의 전문성 확보를 위한 경력개발
백지연 | 이화여대 국제사무학과

308 정신병리
강선경 | 서강대 신학대학원

309 바다의 반란 적조
윤양호 | 전남대 해양기술학부

310 한국 장애인 복지 발달사
이성규 | 서울시립대 사회복지학과

311 서양예술 속의 동양 탐색
진상범 | 전북대 독어독문학과

312 한국인의 도덕성 발달 진단
문용린 | 서울대 교육학과

313 영국정치와 국가복지
고세훈 | 고려대 공공행정학부

314 인간학적 사유를 여는 중도·중복장애 교육학
이숙정 | 단국대 특수교육과

315 개별화 교육과정
이소현 | 이화여대 특수교육과

316 인간의 긍정적 성품
권석만 | 서울대 심리학과

317 지방자치와 지역여성의 전망
이혜숙 | 경상대 사회학과

318 한국 현대 노년소설 연구
전흥남 | 한려대 교양학부

319 정보격차 해소를 위한 창의적 정보교육 프로그램
이영준 외 | 한국교원대 컴퓨터교육과

320 한국 가족과 젠더
손승영 | 동덕여대 교양학부

321 한국의 복지혼합
김진욱 | 서강대 신학대학원

322 사회자본과 자원봉사
김태룡 외 | 상지대 행정학과

323 농촌교육복지연구
박삼철 | 단국대 교양학부

324 사회정체성 평가 차원에 대한 국제비교조사
이명진 | 고려대 사회학과

325 캐나다 복지국가 연구
조영훈 | 동의대 사회복지학과

326 한국의 소수자운동과 인권정책
전영평 외 | 서울대 행정대학원

327 한국과 미국의 보육서비스 전달체계와 품질 비교분석
김근세 외 | 성균관대 국정관리대학원

328 한국사회의 소득불평등과 국민 의료이용
이용재 | 호서대 사회복지학과

아 | 산 | 재 | 단 | 연 | 구 | 보 | 고 | 서

1 한국인의 도덕성 연구
배해수 | 고려대 국문학과

2 산업화와 청소년 진로
이원호 | 울산대 교육학과

3 공동체의식과 시민운동
김영섭 | 한양대 행정학과

4 한국청년의 삶의 의미 충족도와 만족적 태도
안정수 | 경희대 철학과

5 중국조선족의 사회발전과 한·중관계의 위상
손장권 | 고려대 사회학과

6 해송림 "솔껍질깍지벌레"의 천적 및 주요 종의 생태
김규진 | 전남대 농생물학과

7 사회정의와 실천윤리
박종대 | 서강대 철학과

8 동구개혁의 영향
김달중 | 연세대 정치외교학과

9 한국청소년의 의식세계
김문조 | 고려대 사회학과

10 고강도 철근 콘크리트 구조의 실용화
정헌수 | 중앙대 건축학과

11 신기술의 연관형태 및 출현예측의 구조모형
권철신 | 성균관대 산업공학과

12 민간기업의 연구개발을 위한 조세정책
권영훈 | 한양대 경제학부

13 기술개발 활성화방안
송승구 | 울산대 화학공학부

14 부패의 현상과 진단
이문조 | 영남대 정치외교학부

15 연구투자의 지역적 편중화와 부산지역의 기초과학연구 활성화방안
윤웅찬 | 부산대 화학과

16 GATT의 신구 덤핑방지협정과 그 대응방안
전창원 | 동국대 무역학과

17 한국사회의 도덕성 제고를 위한 진단과 처방
황경식 | 서울대 철학과

18 새로운 노사관계 방향
이진규 외 | 고려대 경영학과

19 21세기 동북아 정세예측과 한국의 전략적 대응방안
최평길 외 | 연세대 행정학과

20 소련의 한국에 대한 정책목표분석
신승권 | 한양대 정치외교학과

21 메모리 커패시터용 $Pb(Zr_xTi_{1-x})O_3$ 강유전체 박막의 제작과 특성
장지근 외 | 단국대 전자공학과

22 러시아 국제법학의 전통
김용구 | 서울대 외교학과

23 유럽연합의 현황과 전망
김동현 외 | 성균관대 행정학과

24 중국의 정치동원
송영우 외 | 건국대 정치외교학과

25 산업적 활용을 위한 이동로보트 시스템의 개발
박민용 외 | 연세대 전자공학과

26 중국조선족의 정치사회화과정과 동화적 국민통합의 방향
전인영 외 | 이화여대 사회생활학과

27 공적부조의 이론과 실제
최일섭 외 | 서울대 사회복지학과

28 대외통상환경의 변화와 법제개편
서헌제 | 중앙대 법학과

29 기업금융의 국제화
최생림 | 한양대 경영학부

30 자동차부품공업의 노사관계
김호진 외 | 고려대 행정학과

31 산업화 과정에서의 한국가족의 실태와 전망
정창수 외 | 성균관대 사회학과

32 공무원 가치관 실태와 정립방안
배병룡 외 | 경상대 행정학과

33 해외귀국청소년의 국내적응연구
이장영 | 국민대 사회학과

34 초고속정보통신망에서 LAN서비스 제공방안
이재용 | 연세대 전자공학과

35 WTO체제의 정책적 대응
김병진 외 | 경희대 행정학과

36 유럽의 통합정치
최수경 외 | 충남대 정치외교학과

81 고령자를 위한 쾌적한 실내온도와 착의량의 설정
정운선 | 안동대 의류학과

82 지역문화 이벤트 PR
박종민 | 경희대 언론정보학부

83 인터넷 지역정보화의 실태와 전략
유평준 외 | 연세대 행정학과

84 여성 삶의 질 향상을 위한 사회교육 활성화 방안
김양희 | 중앙대 가족복지학과

85 벤처기업과 벤처금융
강대석 외 | 충남대 무역학과

86 구조조정기에 있어서 실업대책과 사회안전망 구축
박천익 | 대구대 경제학과

87 한국 유아의 조기교육
이명조 외 | 한국외대 교육대학원

88 남북한 경제공동체 형성전략
이상만 | 중앙대 경제학과

89 지방자치회계의 투명성과 주민의 알 권리
권찬태 외 | 경북대 경영학부

90 정치지도자의 정책리더십
이해영 | 경일대 행정학과

91 경제위기와 한국인의 복지의식
신광영 외 | 중앙대 사회학과

92 북한의 노동
김강식 | 한국항공대 경영학과

93 우리나라 중소기업의 정보기술 활용 현황과 경쟁력 강화를 위한 제안
정승호 | 부산외대 정보시스템학과

94 인간배아복제의 법적 · 윤리적 문제점과 그 해결방안
최병규 | 한경대 법학부

95 가치변화에 따른 투표행태
조찬래 외 | 충남대 정치외교학과

96 인터넷 경매에서의 계약체결과 소비자 보호
이기수 외 | 고려대 법과대학

97 세계화시대 남북한 통합의 방향과 과제
윤민재 | 서울대 사회발전연구소

98 글로벌 시대 지방정부의 문화마케팅 전략
박흥식 | 중앙대 행정학과

99 대졸여성실업의 실태분석 및 대학-노동 시장 간 효율적 연계방안
이은우 외 | 울산대 사회과학부

100 그린 투어리즘의 분석
이응진 | 대구대 관광학부

101 지방자치단체장의 부정부패
오일환 | 한양대 아태지역연구센터

102 산업화가 유교체제하 중국여성의 지위에 미친 영향
천성림 | 배재대 사회과학연구소

103 움직이는 말하기
유혜숙 외 | 나사렛대 교양학부

104 장애학생을 위한 특수교육공학의 활용
김용욱 | 대구대 중등특수교육과

105 지식기반사회의 평생교육 이해와 평생교육 프로그램 개발
박성열 | 건국대 교육공학과

106 N세대의 미술교육
김동철 | 대구교육대 미술교육학과

107 노후계획과 투자
권택호 | 여수대 국제통상학과

108 영화산업
양영철 | 경성대 연극영화학부

109 동유럽의 변혁과 언론의 역활
정대수 | 경남대 정치언론학부

110 환율, 임금, 물가가 국제경쟁력 및 수출입산업에 미치는 영향
하인봉 | 경북대 경제통상학부

111 일본기업의 기술혁신 전략
위정현 | 중앙대 상경학부

112 노후보장정책과 역저당연금제도
조덕호 외 | 대구대 행정학과

113 유비쿼터스 라이프와 미래 사회
김석수 | 한남대 멀티미디어공학과

114 죽음과 관련된 생명윤리적 문제들
구인회 | 가톨릭의과대 인문사회과학교실

115 경제적 세계화와 빈곤문제, 그리고 국가
김준현 | 한일장신대 인문사회과학부

116 한국의 세계불교유산
김종명 | 한국학중앙연구원 한국학대학원

117 복지레저서비스론
고태규 | 한림대 국제학부

118 자생적 철학체계로서 인간중심철학
선우현 | 청주교대 윤리교육과

119 전략적 통합과 한반도 평화체제
김승채 | 고려대 정책대학원

120 환경사법론
전경운 | 경희대 법학부

121 인터넷 자료를 통해 본 한국의 이혼 문화와 사회복지
성정현 외 | 협성대 사회복지학과

122 유럽연합의 사회정책에 관한 연구
문진영 | 서강대 신학대학원 사회복지학과

123 여성건강의 통합적 관점
김혜원 | 관동대 간호학과

124 복잡계 네트워크 과학
강병남 | 서울대 물리천문학부

125 경제적인 3세대 전원주택 개발
박근준 | 호서대 건축공학과

126 사회복지와 인적자원개발
이상일 | 인제대 국제경상학부